NÃO É PECADO

O LIVRO

É sempre sem querer: falamos o que não devíamos ou falamos o que não queríamos. Ou, simplesmente, falamos demais. Ou ainda: não poderíamos ter feito aquilo. Gafe!

A sensação é de desastre total. Queremos fugir, morrer de vergonha! O pior é quando se faz aquele silêncio acusador, embaraçoso, perplexo... Ou quando, em desespero, tentamos consertar uma gafe.

A gafe é impiedosa e bem que pode atrapalhar nossa vida, causando vários tipos de transtorno.

Mas uma gafe não é o fim do mundo, e é claro que dá para sobreviver. Com humor e muita presença de espírito é até possível contornar uma gafe quase fatal.

E o mais importante: você pode *evitar* as gafes, conhecendo suas armadilhas e as situações em que elas acontecem com maior freqüência.

Este livro relata uma variedade de gafes verídicas, contadas por suas vítimas, ou por quem as cometeu (e sobreviveu para contar). Você também vai conhecer as principais características dos *gaffeurs* – meio caminho andado para não se transformar em um deles.

Assim ficará mais fácil, quando necessário, desviar-se das gafes e daquele embaraço mortal que se segue a elas.

Porém, quando for inevitável, e você, como qualquer mortal, cometer alguma, tire de letra e lembre-se: gafe, definitivamente, não é pecado.

A AUTORA

Com o sucesso de seu primeiro livro, **Etiqueta sem Frescura**, Claudia Matarazzo tem sido constantemente convidada a ministrar palestras sobre comportamento e etiqueta social e profissional por todo o Brasil.

Jornalista formada pela Faculdade de Comunicação Cásper Líbero, já recebeu o Prêmio Abril de Jornalismo, atuou em diversas revistas, como *Manequim*, *Playboy*, *Elle* e *Você S/A*, e apresentou programas em emissoras de rádio e televisão.

Atualmente colabora na revista *Classe*, no jornal *Diário Popular* e no programa *Mais Você*, da Rede Globo, além de dar dicas semanais sobre sua especialidade – etiqueta e comportamento – em seu *site* na Zip.Net (www.zip.net/etiqueta).

Publicações da autora:
Etiqueta sem Frescura (Melhoramentos)
Net.com.classe (Melhoramentos)
Case e Arrase (DBA/Melhoramentos)
Casamento sem Frescura (Melhoramentos)
Beleza 10 (Senac)

CLAUDIA MATARAZZO

NÃO É PECADO

MELHORAMENTOS

Dados Internacionais de Catalogação na Publicação (CIP)
(Câmara Brasileira do Livro, SP, Brasil)

Matarazzo, Claudia
    Gafe não é pecado / Claudia Matarazzo ; organiza-
ção Edilson Cazeloto ; I ilustrações Flavio Del Carlo
I. -- São Paulo : Companhia Melhoramentos, 1996.

    ISBN 85-06-02296-7

    1. Etiqueta 2. Usos e costumes I. Cazeloto,
Edilson. II. Título.

96-0398   CDD-395

Índices para catálogo sistemático:
1. Gafes : Etiqueta : Costumes 395

Criação e diagramação: Ricardo Antunes Araujo/Sirius
Fotografia da capa: Fernando Arellano
Ilustrações: Flavio Del Carlo
Organização: Edilson Cazeloto

© 1996 Cia. Melhoramentos de São Paulo
Atendimento ao consumidor:
Caixa Postal 2547 – CEP 01065-970 – São Paulo – SP – Brasil

Edição: 15 14 13 12 11
Ano: 2005 04 03 02 01

Rx-11

ISBN: 85-06-02296-7

Impresso no Brasil

16/04/03/

À nossa querida filha
Marjorie, oferecemos esse livro
para que, seu conteúdo, sirva
como moldura do seu progresso
intelectual e social.
Com muito carinho,
Seus Pais,
Luiz Gonzaga
Maria Aparecida

A meu pai, Giannandrea – um cavalheiro
e
Fernando Raul, que contorna minhas gafes
com tanto humor e paciência.

AGRADECIMENTOS

ABELARDO FIGUEIREDO

ALBERTO HELENA JR.

BARBARA GANCIA,

CARLOS BRICKMANN

CLAUDIO CURI

CAMILLA E PAOLA MATARAZZO

DANIELA E PATRICE DE CAMARET

EDDES DALLE MOLLE

EVELINA CARONE

FABIO ARRUDA

FAMÍLIA MIELI

FÁTIMA SCARPA NIKOLAEFF

HEBE CAMARGO

JOCA LISBONA

KÁTIA RODRIGUES

LOLITA RODRIGUES

LOURDINHA (queridíssima)

LUIZ EDUARDO MAGALHÃES

LUIZ HENRIQUE MARCONDES & CAFÉ CANCÚN

MARA MOURÃO

MARINA E PAULO REIS MAGALHÃES

MAURA MARZOCCHI E ALAOR BARBOSA

MÔNICA E RENÉ FERNANDES

NANCY SAFADY

NATÁLIA E LUCIANO FALZONI

PEDRO ARIEL SANTANA ALVES

PAULA E STEFANO CESARI

RUBENS EWALD FILHO

RUY CASTRO

SILVIA CARDOSO DE ALMEIDA

SÔNIA E ANDREA MATARAZZO

SUSIE E GUIDO PADOVANO

VERA MARIA LEME

WELLINGTON NOGUEIRA

e

meu marido, FERNANDO RAUL – claro

Sumário

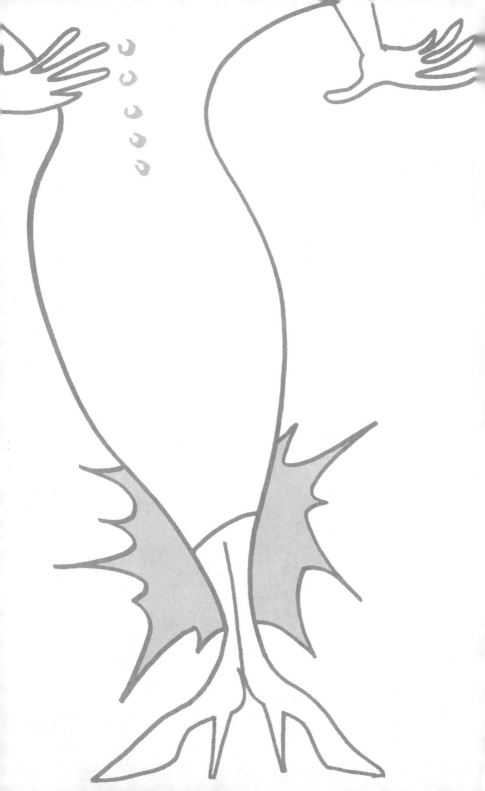

Dá para Sobreviver!

Viajando pelo Brasil durante o lançamento de *Etiqueta sem Frescura*, notei que, além da vontade de conhecer o que é "certo" em determinadas situações, as pessoas também tinham muita curiosidade em saber o que é considerado "errado" em matéria de comportamento. Durante minhas palestras, percebi que sempre depois de citar o exemplo do que não se devia fazer as pessoas se descontraíam e contavam suas próprias experiências de gafes.

A partir daquele momento a palestra esquentava e adquiria um caráter mais informal, muitas vezes continuando em algum bar, onde os grupos relatavam, às gargalhadas, passagens constrangedoras. Parecia roda de piada, mas era uma mesa de gafes, o que é uma coisa completamente diferente, como você poderá constatar.

O fato é que as gafes aproximam as pessoas. A simples noção de que não fomos os únicos a sentir aquele embaraço mortal e atroz sem dúvida atenua a sensação de incompetência que nos acomete quando acabamos de cometer uma gafe.

Pois é, resolvi contar essas histórias, todas verídicas. Claro que alguns nomes foram trocados para evitar constrangimentos. Muitas vezes as pessoas, os autores ou as vítimas já não se lembravam de mais nada, a não ser do momento paralisante da gafe. Nesses casos, criei a situação e os personagens, mantendo-me fiel à gafe original.

A intenção é justamente mostrar que todos nós, de uma forma ou de outra, não estamos livres de cometer gafes. Os motivos e as circunstâncias são os mais diversos, porém, quando acontece, a sensação de culpa e constrangimento é pior do que se estivéssemos confessando em praça pública um pecado mortal.

Mas gafe não é pecado; não mesmo! E o que é melhor: à medida que vamos tomando conhecimento das situações especialmente propícias a elas, podemos, com alguma habilidade, evitá-las com eficiência. Por isso, você encontrará, abrindo cada capítulo, seções especiais com todas as dicas e ingredientes que podem transformar o mais inofensivo dos mortais num inconveniente "gaffeur". Já que não podemos saber de tudo o tempo todo, podemos ao menos aprender a reconhecer os sinais inequívocos de uma gafe iminente.

O leitor encontrará, no final do livro, um teste, justamente medindo o grau de imunidade de cada um às gafes. É claro que é uma grande brincadeira. Mas funciona. Quer ver como? Vá direto ao teste e responda as perguntas sem olhar as respostas. Depois de ler o livro, repita o teste e confira se você ainda responderia o mesmo. Aposto que não.

Escrever este livro foi uma enorme diversão que, agora, compartilho com você. Afinal, é um alívio perceber que não somos os únicos a tropeçar.

Claudia Matarazzo

RATA,
FORA,
SAIA JUSTA,
FURO,
MANCADA...

O QUE É

É uma situação fora de contexto. Em geral, é uma inconveniência causada por excessos: quando se fala demais (ou se bebe demais), quando se quer mostrar serviço, quando se abusa dos gestos, causando pequenos desastres.

QUANDO ACONTECE

É impossível prever com exatidão quando uma gafe pode acontecer. Mas elas têm uma marcante preferência por festas, reuniões de negócios, primeiros encontros amorosos, viagens a países onde a cultura é diferente, enfim, todo tipo de situação em que exista algum elemento desconhecido.

COMO ACONTECE

É sempre sem querer. Ninguém comete gafes de propósito. Senão estaria cometendo grosserias, maldades, safadezas...

O EFEITO

É devastador. A gafe quase sempre acontece entre duas ou mais pessoas (gafes solitárias são raras). Entre duas pessoas o mais comum é que a vítima, assim que é atingida, lance um olhar da mais pura perplexidade, seguido de uma leve alteração no tom da conversa. Quando acontece em um grupo maior, a gafe causa, de imediato, duas reações igualmente embaraçosas: um silêncio mortal e acusador ou um súbito alarido – todos resolvem falar ao mesmo tempo, fingindo que nada aconteceu.

Em qualquer um desses casos, quem cometeu a gafe sente-se literalmente derreter de vergonha.

O "GAFFEUR"

Como o próprio nome indica, gaffeur *é aquele que comete gafes. A palavra é francesa, e o seu feminino é* gaffeuse. *Para facilitar, daqui para a frente adotaremos as duas sem destaque, visto que vamos lidar com freqüência com os* gaffeurs.

CLASSIFICAÇÃO BÁSICA DOS GAFFEURS

Existem três tipos básicos de gaffeurs: os que disfarçam, os que assumem e os que tentam remediar. Dependendo da situação, nenhuma das alternativas resolve, e pode até piorar muito. Importante lembrar: você não se transforma num gaffeur simplesmente por ter cometido uma ou outra gafe na vida. O gaffeur é completamente reincidente em suas gafes. Ele não se importa muito com elas, apesar de cultivá-las em seu cotidiano. É o tipo de pessoa que, com o tempo, os amigos acabam ficando com medo de convidar para uma festa ou de apresentar a alguém interessante.

GAFE TEM SOLUÇÃO?

Uma vez configurada, dificilmente a gafe tem solução. Mas também não é o fim do mundo. Presença de espírito e jogo de cintura ajudam. Mas o melhor mesmo é aprender a evitá-las.

QUANDO NÃO DÁ PARA EVITAR

Acontece. Apesar do impulso de se enterrar de aflição, a gente sobrevive, e, mesmo mortalmente constrangidos, temos de encarar os odiosos momentos que sucedem a uma gafe.

Você pode tentar assumir com humor, disfarçar na malandragem, ou ainda remediar com muita sabedoria. Ou simplesmente pedir desculpas.

Porém, se a situação não se prestar a nada disso, entregue-se de corpo e alma à sua gafe. Vivencie tudo intensamente, e torne a relembrar toda a sua angústia e embaraço com minúcias, até esgotá-la.

Finalmente, lembre-se de um provérbio popular que se aplica a muitos casos, inclusive a gafes insolúveis: "É melhor ficar vermelho cinco minutos do que amarelo a vida inteira".

DE
SALTO ALTO

É A MAMÃE!

Quantas vezes as mães não se questionam em desespero se tudo o que elas se cansam de repetir aos filhos surte algum efeito? A minha costuma fazer essa pergunta sempre em público, levando a mão ao pescoço, num gesto de ênfase atormentada.

E a resposta é sim, é lógico que os ensinamentos maternos surtem efeito. Pelo menos boa parte deles, principalmente quando ministrados com técnicas retiradas da sabedoria árabe-ortodoxa, como foi o nosso caso.

O leitor pode se surpreender com a quantidade de vezes em que menciono minha mãe neste livro. Não, não se trata de nenhuma pendência psicológica mal resolvida.

Na verdade, ela mereceria um livro à parte, mas, como já está tão presente neste, acho importante explicar: devo a ela tantas coisas boas em minha vida que seria impossível enumerá-las. Uma delas, sem dúvida, foram os princípios básicos de convívio e bom senso, nos quais fundamentei as diretrizes do meu primeiro livro, *Etiqueta sem Frescura*.

Mas, como na vida tudo tem o "outro lado", mamãe também foi a inspiração para este livro de gafes. Claro! Foi assim:

Noite de autógrafos de *Etiqueta sem Frescura*. No Café Cancún, cheio de gente, eu mal podia acreditar que todo aquele sucesso tinha a ver comigo. No entanto, consciente do meu papel de dona da festa, tratei de me imbuir de toda a compostura de que era capaz, segurando a vontade de pular e sair dando hurras de alegria.

Enquanto autografo os livros, fico de orelha em pé, atenta para a movimentação de fotógrafos ao lado da mesinha. Percebo, encantada, uma equipe de televisão se posicionando. Uau! Uma coisa é você dar a notícia todos os dias, outra, muito diferente, é, de repente, você *ser* notícia! Vejo o repórter se aproximar de mamãe, as luzes se acendem e ele pergunta:

– Então, dona Teresa, a senhora, que acompanhou a carreira de sua filha desde o início, o que acha de ela escrever um livro sobre comportamento?

Ela levanta as sobrancelhas, faz uma pausa dramática e responde, na lata, no seu melhor estilo "objetiva acima de tudo":

– Pois olha que eu vou te confessar uma coisa...

A câmera faz um *zoom*, enfatizando a confissão, e ela completa num *timing* perfeito, melhor do que Glória Pires em cena final de novela:

– De todos ali em casa, a Claudia... acho que ela era a que *menos* poderia ter escrito um livro sobre etiqueta!

O câmera capricha no *zoom*, e o repórter encerra deliciado.

Não me recuperei até hoje do choque. E, como filho de peixe peixinho é, inspirada nesta passagem, escrevi este livro. Quero ver o que é que ela vai dizer *desta vez*, na noite de autógrafos.

GESTO DE RAINHA

Você já parou para pensar o quanto os frangos em geral conseguem atrapalhar a vida da gente? Na estrada são um perigo: quantas vezes não somos obrigados a frear alucinadamente por causa de algum maldito frango que resolve atravessar a pista "de volta", quando já estava quase chegando ao outro lado?

Não é à toa que no futebol um "frango" chega a arruinar uma campanha que, de modo geral, pode estar até se desenvolvendo muito bem.

Finalmente, à mesa, os frangos constituem uma verdadeira ameaça à nossa dignidade. Que o diga meu amigo Hélio Pires.

Helinho vive na ponte aérea São Paulo–Nova York. Como é dessas pessoas sempre de alto astral, inteligente e divertido, acaba sendo muito disputado todas as vezes que chega a uma dessas cidades. Jantares de bota-fora ou de boas-vindas acabam se transformando no melhor pretexto para usufruir de sua companhia.

Assim, Pedrita Lopez, uma venezuelana radicada há muitos anos em Manhattan, numa dessas ocasiões, organizou um jantar de boas-vindas a ele. As pessoas se referiam a Pedrita como a "rainha do petróleo", não sem um certo toque de inveja pela sua óbvia e saudável condição financeira.

Pedrita é rica e não faz segredo disso. É tão rica que ninguém acredita que seja igualmente elegante. Pois nessa noite ela acabou provando que não é apenas finíssima, mas também dotada de uma notável presença de espírito.

Assim que todos tomaram seus lugares à mesa, começaram os comentários sobre o belíssimo arranjo de flores, artisticamente arrumado ao centro. Era um desses arranjos surpreendentes pela beleza e vivacidade das flores, mas também pela forma como havia sido arrumado: um tronco central servia de suporte, como um iquebana mais rústico, dentro de um vasilhame de Murano muito sofisticado, que, por sua vez, servia de recipiente para que outras flores flutuassem delicadamente na água salpicada de dourado. Uma verdadeira poesia.

– As flores são de um exotismo ímpar! Nunca vi nada parecido – disse uma convidada.

– Vou contar um segredo – disse Pedrita. – Sei que foi uma extravagância, mas acho que valeu a pena. Eu vi essas flores em minha última viagem à Austrália. Hoje, em homenagem a Hélio, que mora num país tropical, mandei vir estas. Chegaram no vôo desta madrugada. Valeu a pena, não?

– Se valeu? Estão maravilhosas! E depois a forma como estão dispostas! É uma pequena obra de arte.

– Esta foi outra extravagância – continuou animada nossa anfitriã. – Conheci outro dia Ralph Morgan em sua exposição sobre arte e natureza. Fiquei muito impressionada com as suas instalações. Sei que ele é artista plástico, mas, como acabamos ficando muito amigos, tomei coragem e lhe pedi que desse o seu toque pessoal a este arranjo.

A mesa inteira suspirou, emocionada. Uau! Ralph Morgan em pessoa dera o seu toque genial àquela sinfonia floral, e eles estavam todos ali, à sua volta, como se fosse a coisa mais natural do mundo comer frango ao *curry* em frente a obras como aquela.

Helinho, modesto e também muito impressionado, murmurou um agradecimento. Na verdade, ele tentava se concentrar na sobrecoxa de frango em seu prato, que, naquela noite, parecia mais difícil do que de costume para cortar.

Vai ver era o *jet-lag* que o estava deixando mole daquele jeito. Talvez com um pouquinho mais de força... Pronto! Empunha garfo e faca com mais vontade, aplica um golpe firme no frango e... acompanha mesmerizado a sobrecoxa dar uma pirueta no ar, sair do seu prato como que em câmera lenta e aterrissar com um vergonhoso "splash", na água salpicada de dourado do arranjo de Ralph Morgan.

Ele não pode acreditar em seus olhos: o desastre é muito maior do que se pode imaginar. O tronco de iquebana, atingido em cheio, caiu, espalhando água, flores e dourado pela mesa, e jaz como uma ruína mergulhado no Murano. Onde antes as flores flutuavam delicadamente entre pingos dourados, bóia agora, despudorada e engordurada, a infame sobrecoxa.

Todos estão tão atordoados que, quando dão por si, Pedrita já havia retirado o que restava do arranjo, não sem antes separar algumas flores sobre a mesa.

Em menos de um minuto, ela está de volta e coloca pessoalmente uma flor na argola do porta-guardanapo de cada convidado, declarando graciosamente:

— Não se preocupem, agora cada um de nós tem um fragmento da obra de Ralph Morgan. Na minha terra dizem que qualquer coisa dourada sobre a mesa traz dinheiro. E dinheiro, meus amigos, como vocês bem sabem, nunca é demais.

— Resgatado com tanta finura, foi fácil para Helinho sobreviver ao final da noite.

Desde aquele dia, ele salta em defesa feroz quando qualquer engraçadinho se refere a Pedrita como "rainha do petróleo". Em sua abalizada opinião, poucas rainhas de verdade teriam o traquejo social de sua amiga venezuelana.

GAFE COM "GRIFFE"

Todos nós conhecemos o carisma de Hebe Camargo. Quando ela aparece na telinha com seu sorriso radiante, é como se, sem motivo algum, a noite virasse festa. O motivo é ela, claro.

O som da orquestra, a animação da platéia, seus figurinos fulgurantes, as gargalhadas gostosas e os convidados famosos são apenas figuração para essa estrela que independe de aparato para brilhar em qualquer lugar.

No entanto, sempre existe alguém que insiste em afirmar que Hebe, durante esta ou aquela entrevista, cometeu alguma gafe. E aí o chato sempre segue discorrendo sobre este ou aquele aspecto do deslize, como se ele fosse absolutamente imune a gafes. Um lorde inglês.

Ora, todos nós estamos carecas de assistir às saídas rápidas e bem-humoradas de Hebe, que realmente tem a capacidade de minimizar qualquer situação delicada com seu jeito de bem com a vida.

O que os chatos de plantão não perceberam é que, quando Hebe comete algum engano desses, ela não apenas tira de letra, como também corre o risco de ver seu engano transformado em verdade daí por diante. Foi assim no caso Júlio Lopes.

Júlio, para quem não sabe, ficou conhecido por ser o namorado de Adriane Galisteu, que, por sua vez, ficou famosa depois da morte de Ayrton Senna, que, por sua vez, se transformou em mito por méritos próprios. Durante a entrevista com Adriane, Hebe, momentos antes de encerrar, pergunta:

– E como vai o novo namorado, o João?

– Não é João, é Júlio – responde Adriane.

E Hebe, rápida:

– Ah, é mesmo! Mas agora fica sendo João Júlio – e solta uma de suas risadas contagiantes. Ficou por aí.

Alguns dias depois, assistindo ao programa *Flash*, vejo Amaury Jr. entrevistando os próprios, Adriane e Júlio, quando o trio é interrompido pelo jornalista Ricardo Amaral, que entra em cena:

– Olha aí a Adriane e o João!

E Amaury, surpreso:

– O que é isso, Ricardo? É Júlio...

– Não é mais. Eu ouvi a Hebe dizer que era João Júlio, então agora virou João! Pra todo mundo ele agora é João.

Isso é que é. Quero ver algum desses chatos que fica torcendo para a gente tropeçar via Embratel conseguir transformar instantaneamente gafe em *griffe*.

A AMIGA DO MATINAS

– Você tem certeza que não vai dar problema, Dodô?

– Imagine! Deve ter sido algum engano. Eu sou unha e carne com o pessoal do jornal. Não dá para entender por que não fui convidada para essa festa. Deve ter sido o correio...

A festa em questão estava sendo promovida pelo jornal *Folha de S. Paulo*, no *roof* do Mofarrej Sheraton. Dodô Macedo e sua amiga já estavam no elevador, mas, é óbvio, não haviam recebido convite. Junto com elas, sobe um rapaz alinhado, que parece muito interessado no que elas conversam. Percebendo a platéia, Dodô resolve dar seu show particular.

– Eu, hein! O Matinas Suzuki come aqui, ó! Na minha mão.

– É mesmo?

– E não tem uma semana que eu não saia na coluna da Joyce!

– É mesmo?

– Até o "Caderno de Turismo" já mandou uma equipe comigo quando eu saí de férias para Gstaad!

– É mesmo?

– E aquelas piadinhas do Zé Simão? Toda vez que ele fala "uma amiga me contou...", adivinha quem é a amiga?

– Puxa, Dodô, eu não sabia que era assim.

Durante a festa, ao notar que um conhecido conversa com o rapaz alinhado do elevador, Dodô chega perto e faz sinais para que seja apresentada; afinal de contas, ele já devia estar impressionado com a sua popularidade. Por que não arriscar? O amigo entende os sinais e apresenta, solícito:

– Dodô, este é editor chefe da *Folha de S. Paulo*...

MANDAMENTOS DO

* COMENTE EM VOZ BEM ALTA QUEM CONTRIBUIU COM QUANTO NAS LISTAS DE CASAMENTO DE SUA EMPRESA.

* FAÇA CARETAS PARA OS BEBÊS.

* NÃO COMPRE JORNAL; LEIA O DOS OUTROS, DE PREFERÊNCIA ANTES DELES.

* DÊ UM JEITO DE APARECER SEMPRE, MESMO QUE APENAS NOS CANTINHOS DAS FOTOGRAFIAS.

* PROMOVA E DIVULGUE AQUELAS "PIRÂMIDES" PARA ENRIQUECER RAPIDAMENTE (COM OU SEM VENDA DE PRODUTOS).

* TRAPACEIE PARA GANHAR QUANDO JOGAR COM CRIANÇAS.

* SE O TROCO VIER A MAIS, NÃO AVISE O CAIXA.

* CONTE O FINAL DO FILME.

* TERMINE AS PALAVRAS CRUZADAS DOS OUTROS E DÊ PALPITES EM JOGOS DOS QUAIS VOCÊ NÃO QUIS PARTICIPAR.

* BEBA O PRIMEIRO E O ÚLTIMO GOLE DOS COPOS ALHEIOS.

* ASSUMA QUE A PALAVRA "RESERVADO" SIGNIFICA "PARA VOCÊ".

* ASSUMA QUE A CADEIRA DA FRENTE TAMBÉM SERVE PARA REPOUSAR OS SEUS PÉS.

* PEGUE O MAIOR PEDAÇO: *VOCÊ MERECE.*

SINCERAS

TIBIRIÇÁ, O GAFFEUR

Existem três tipos de gaffeurs: os que assumem, os que disfarçam e os que tentam corrigir. Dependendo da situação, cada uma dessas posturas pode conduzi-lo por um mar de águas tranqüilas para longe da situação embaraçosa. Por outro lado, dependendo do caso, nada neste mundo vai poder te salvar do vexame. E, às vezes, lamento dizer, o vexame pode piorar *muito*.

Como no caso do Tibiriçá, amigo de meu amigo Paulo de Goes, segundo o qual o Tibiriçá é um poço de gafes sem fundo. Quando você pensa que ele já deu todos os foras possíveis, ele encontra um jeito de dar um furo ainda maior. Sim, porque ele tenta consertar a situação, mas de maneira tão atabalhoada, que acaba se enrolando ainda mais.

Aí o Tibiriçá encontrou um amigo na rua. Abraços, manifestações de afeto e ele pergunta:

– E a sua mãe?... – Imediatamente lembra de ter comparecido ao funeral da referida mãe meses atrás. Mas emenda na seqüência, tentando mostrar que se lembrara do fato:

– ... Sempre morta, sempre morta, não é?

Até nas situações mais cotidianas, Tibiriçá arruma um jeitinho de deixar a sua marca pessoal. Certa vez, ele e Paulo, a caminho de um coquetel, pararam para abastecer o carro. O frentista que os atendeu não tinha o braço direito, mas manuseava com muita perícia a bomba de combustível.

Prevenido, Paulo dá um cutucão no Tibiriçá:

– Pelo amor de Deus, não vá fazer nenhuma gracinha com o frentista...

– Que é isso, Paulo? E eu lá sou de fazer gracinha com a desgraça dos outros?

Já com o tanque cheio, Tibiriçá pede uma nota fiscal. E imediatamente se arrepende: infelizmente, com o bloco de notas e a caneta o rapaz já não tinha tanta habilidade. O talão escorregava quando ele tentava escrever, e só depois de alguns minutos de malabarismo foi possível preencher todos os campos. Tibiriçá e Paulo esperavam agoniados.

Quando finalmente o rapaz entrega o papel, ele dispara, tentando amenizar a situação:

– Puxa! Ainda bem que você não é canhoto!

A Rainha do Iogurte

A matriarca da família Cunha era dona Maria. Mulher batalhadora, ficou viúva muito cedo, herdando do marido uma pequena fábrica de queijos em Ouro Fino. Herdou também um senso aguçado para os negócios e, em pouco tempo, a fábrica já era um grande laticínio exportador. Dona Maria passou a ser conhecida como a "rainha do iogurte de Ouro Fino".

Seu filho único, se não tinha a mesma perspicácia, pelo menos era um bom administrador. Sob seu comando, a fábrica manteve aquela segura estabilidade que nos dá a sensação de que as coisas são eternas.

Vieram os netos e, com eles, novos valores e novas preocupações. A família mudou-se para São Paulo. Jantares, festas, casamentos luxuosos e viagens se seguiram, deixando dona Maria um tanto perdida naquele admirável mundo novo.

– Lá em Ouro Fino era tudo bem mais fácil.

Para aquela senhora miúda que havia passado os anos de sua infância com apenas três vestidos (um usado só para ir à missa), toda aquela pompa da sociedade era impensável.

– Em Ouro Fino não tinha nada dessas frescuras.

Por opção própria, dona Maria resolveu se afastar de tudo aquilo, passando a viver relativamente isolada. De fato, o primeiro jantar formal de que tomou parte aconteceu depois de anos que a família já havia saído de Minas. Um antigo cliente que havia feito fortuna no ramo de supermercados estava para fechar um negócio milionário com o laticínio Cunha. Como se lembrava da folclórica "rainha do iogurte", fez questão de acertar os detalhes em um jantar, no qual sua presença era indispensável.

Carmem, a neta colunável, chique e disputadíssima, preocupou-se com o desempenho social da avó:

– Olha lá, hein vovó. Não vai dar vexame. Eu sei que a senhora não está acostumada com esses jantares em sociedade.

E a vovó, com seu irresistível jeito mineiro:

– Um jantar é sempre um jantar. Em São Paulo ou em Ouro Fino. É só não falar de boca cheia e não fazer prato muito grande.

Para Carmem era pouco. Na véspera, a neta sentou dona Maria em frente a uma mesa com tudo que tinha direito: nove talheres, *sousplat*, dois pratos e três copos. Explicou, demonstrou, ensinou, até que tudo ficasse muito claro. Dona Maria, escolada no mercado de laticínios, não demorou a dominar todas as manhas daquele novo jogo. Só ficou cismada com a cumbuquinha da lavanda.

– Que coisa mais porca. Por que é que, em vez de molhar a pontinha dos dedos, a gente não se levanta e vai até o banheiro? Lá tem sabão, toalha...

– É assim mesmo, vovó. E se você vir alguma coisa flutuando não estranhe. Às vezes as pessoas usam pétalas para a água ficar perfumada.

– Que coisa mais porca. Lá em Ouro Fino as pessoas são mais limpinhas.

No dia seguinte, lá estava dona Maria. Trafegou sem problemas pelos canapés, driblou com mestria as regras de precedência nas apresentações, domou impecavelmente a postura durante as conversas. Uma verdadeira dama. A "rainha do iogurte" em plena forma, distribuindo sabedoria pelo salão.

Sentou-se à mesa régia e empertigada, com os cotovelos grudados ao corpo. A entrada da refeição era um *consommé* fumegante e cheiroso. Dona Maria, lembrando-se daquela inconveniente cumbuca, não teve dúvidas: mergulhou os dedos no caldo pelando.

Minutos depois, enquanto passavam gelo em seus dedinhos queimados, dona Maria ainda não tinha perdido a pose:

– É o hábito, sabe? Em Ouro Fino eles sempre passam a lavanda *antes* de começar o jantar.

GAFES COM ESTILO

Meu irmão Andrea é um clássico: enquanto seus amigos se apertavam em calças de toureiro nos anos 70, ele já havia encontrado seu estilo em sóbrios ternos escuros, que sabe usar como ninguém. Não que ele seja um tipo engomadinho. Ao contrário: é capaz de interpelar alguém que acabou de conhecer com tamanho carisma que, em pouco tempo, o sujeito em questão vai estar se achando efetivamente íntimo dele e de quem estiver por perto.

Se fosse jornalista, Andrea seria um perigo. No entanto, ele acabou enveredando por caminhos políticos para o que, devo dizer, tem muito talento. O que não o impede de, como todos os mortais, cometer gafes antológicas.

A única diferença é que, quando comete gafes, ele o faz com um certo estilo, e geralmente consegue consertar a tempo. Mas o que me causa espanto é que, mesmo quando garoto e cru no trato social, ele já era assim.

Quando adolescentes, passamos quase todos os nossos carnavais em Araras, no interior de São Paulo, onde temos fazenda. Eram carnavais pra lá de animados, e a farra começava muito antes, quando planejávamos os blocos, as fantasias, o revezamento no transporte para os bailes, e só terminava quando nos debruçávamos ansiosamente sobre as fotografias, tentando reviver através das imagens os momentos de folia.

Aos 16 anos, Andrea era o que a gíria da época definia como um pão: loiro, com enormes cílios sombreando olhos cor de mel, fazia um sucesso enorme entre as meninas. Nós, suas três irmãs, que ele sintomaticamente apelidou de minhas "três jararacas", francamente não entendíamos aquele sucesso todo. No que nos dizia respeito, ele era apenas o varão da família, que gozava de uma série de privilégios inacessíveis, pelo simples fato de ter nascido homem.

Por isso, adoramos assistir de camarote a seguinte cena:

Estávamos todos na varanda, separando as fotos dos bailes que haviam sido trazidas por Dado, um amigo nosso ararense.

Os meninos passavam as fotos de um para outro com comentários meio cafajestes, do tipo:

— Olha os peitos da Ritinha!

Ou:

— Olha a cara de bêbado do prefeito!

Ou ainda:

— Não falei que a Marta estava usando uma saia que dava para ver a calcinha!

A uma certa altura, Andrea comenta, passando uma foto para Dado:

— Santo Deus, não é possível! Que é que eu estou fazendo dançando com essa menina? Olha só que bucho, Dado!

— Essa menina é minha irmã!

Nós, as três jararacas, nos encolhemos para o bote, prontas para cair em cima de um irmão tão grosseiro. Mas Andrea, num rasgo do que viria a ser uma qualidade sua permanente de consertar situações, nem piscou. Fez uma pausa para concatenar as idéias e declarou:

— Imagine, sua irmã! E eu não vou conhecer sua irmã? Deixe eu ver de novo. Meu Deus, mas que foto horrorosa! Não é que é ela mesmo? Que absurdo! Veja o quanto uma foto transforma uma pessoa! Sua irmã é um charme, mas com essa luz estourada na cara, que judiação...É ela mesma, mas não deixe ela ver essa foto, não faz justiça! Ela vai ficar uma fera, tira daí... Não, melhor rasgar, passa pra cá...

Em Nome do Amor

Esse tipo de impulsividade é claro que já rendeu a Andrea um sem-fim de situações mirabolantes, agravadas pelo fato de que, além de impulsivo, ele também faz a linha romântico. Que pode ser muito interessante, desde que tudo corra bem. Não foi o que aconteceu quando ele resolveu fazer a corte platônica:

Um dia, ele se apaixonou pela fotografia de uma moça no jornal. A legenda dizia apenas que, depois de uma temporada em São Paulo, Vanessa de tal estava voltando para o Rio de Janeiro. Morena, olhos enormes, que pareciam verdes na foto, Andrea não consegue tirar aquela imagem da cabeça. Liga para alguns amigos do Rio de Janeiro para saber se conhecem a moça e dá sorte: assim que menciona o nome da fotografia, seu amigo Rubens fala que não só a conhece, como também é bastante amigo, ele próprio, de Vanessa e teria o maior prazer em apresentar um ao outro.

Mas é claro que com o nosso *sir* Lancelot nada pode ser tão simples. Ele pede apenas o endereço de Vanessa para mandar-lhe flores, depois de fazer Rubens jurar que não vai nem mesmo *mencionar* que o conhece. Ele quer testar seu poder de sedução epistolar.

Assim, munido do nome e do endereço de sua musa, escreve uma carta bem caprichada, encomenda um buquê especial e manda tudo para o Rio de Janeiro, esperando ansiosamente a resposta.

Que não se fez esperar. Vanessa, apesar do nome europeu, era uma carioca muito prática e, assim que recebeu as flores, passou a mão no telefone e discou lá para casa.

Seguiram-se meses de conversas telefônicas em que os dois tentavam marcar um encontro, mas não era tão simples. Ele tinha apenas 20 anos, trabalhava, estudava, ponte aérea não era essa facilidade toda que é hoje em dia e ela também vinha muito pouco a São Paulo...

Finalmente, depois de um suspense que nem eles nem nós em casa estávamos agüentando mais, Andrea embarca para o Rio. Marca de ir apanhar Vanessa em sua casa, no endereço que, àquela altura, ele já conhecia de cor, tantas as cartas e flores. Toca a campainha do apartamento com o coração na mão: e se ela não gostar dele? Uma coisa era gostar de flores e papariços, mas e se ela não fosse com a cara *dele*, não gostasse do papo *dele*, e daí?

A porta se abre e ele ouve a voz tão familiar:

— Não posso acreditar que finalmente vamos poder conversar olhando nos olhos!

Ele entra e acha que está tendo uma alucinação: a moça que lhe abriu a porta com toda certeza é a mesma com quem ele vem conversando todos esses meses, pois a voz é igual, mas certamente *não* *é* a mesma da fotografia, com a qual ele havia se acostumado a sonhar.

Esta moça é loira, loiríssima, com lábios delicados, de origem evidentemente eslava, e a imagem da foto era a de uma morena de lábios cheios. Que certamente não é a moça que está à sua frente.

Completamente aturdido, pergunta se ela é ela mesma, e é claro que só piora a situação. Relembram as conversas por telefone, como tudo começou e finalmente a chave: a foto do jornal. Vanessa entra e vai buscar a foto, que havia guardado. E a explicação:

Na emoção de receber as flores com uma carta tão bonita, nem lhe ocorreu esclarecer um detalhe que, para os amigos que a conheciam no Rio, realmente não passava de um pequeno inconveniente: naquele dia, as duas fotos da coluna estavam com as legendas trocadas, e seu nome aparecia sob a foto de uma morena lindíssima que, infelizmente, ela não conhecia.

Passado o choque inicial, Andrea reiterou o convite para jantar e os dois saíram muito sem graça com toda a confusão.

GAFE VIA EMBRATEL

O Brasil inteiro assistiu. Foi uma gafe via Embratel e eu, a autora. E o que é pior: fiz a gafe e reiterei várias vezes minha convicção, confirmando para a posteridade meu lugar no paraíso dos perpetradores de gafes. Sim, porque deve haver algum lugar que compense esses momentos de infernal e paralisante vergonha que passamos tantas vezes durante a vida.

Eu estava lançando meu primeiro livro, *Etiqueta sem Frescura*, e participava do programa *Jô Soares Onze e Meia*.

Jô, como toda pessoa dinâmica e ocupada, foi um dos primeiros a adotar com entusiasmo o telefone celular quando foi implantado no Brasil. É tão adepto que inclusive participou da campanha de lançamento do celular da Telesp. Assim, nada mais natural que, folheando o livro logo no começo da entrevista, ao encontrar toda uma página dedicada ao celular, puxasse o assunto.

Respondo com sinceridade, beirando à grosseria:

— Acho um horror telefone celular! O mundo funcionou tão bem até hoje sem celular, é o cúmulo da falta de educação!

Jô é uma pessoa coerente. Perplexo, insistiu:

– Mas por que horrível? O meu é tão prático, não posso viver sem...

E eu, interrompendo:

– É claro que pode. Todo mundo pode. Todo mundo pôde até hoje, isso é ridículo!

Jô se mexe impaciente na cadeira e interrompe também:

– Claudia, será que você não está sendo meio neurastênica?

E eu na teimosia, empacada, pior que mula:

– Não sei se sou neurastênica, mas, se for, sou uma neurastênica educada, e celular é o fim da picada.

Jô começa a perder a paciência, mas tenta manter a coisa na base do humor:

– Eu acho que você está sendo muito radical...

A discussão continua por algum tempo: ele insistindo delicadamente de um lado, eu arengando incisivamente do outro, até que por fim ele, finíssimo, muda de assunto.

E a entrevista continua. De repente, um clarão: toda a campanha do celular com Jô passa em segundos pela minha cabeça, filme após filme, as frases, tudo! Quero correr, me esconder de vergonha, mas onde? As câmeras continuam acesinhas na minha frente.

Vou explicar, mas explicar o quê? Que eu sou sempre assim indelicada com quem me recebe tão bem? Que eu havia nascido meio obtusa mesmo?

Trato de ordenar as idéias, pensando que pelo menos tinha a obrigação de salvar o que restava da entrevista. Afinal de contas, que raio de autora de livro de etiqueta eu seria, se não pudesse contornar uma situação como essa? (Mas também não precisava ser uma gafe via Embratel, não é?)

Finalmente a entrevista termina, e suspiro, desesperada: agora vem o pior. Imagine a repercussão, o que será que vão dizer? Todos vão cair em minha insensível alma sem a menor piedade.

Decididamente, porém, os anjos devem proteger os gaffeurs. Meses depois, quando se referiam a essa entrevista, poucas pessoas haviam notado. Muitas diziam que só haviam reparado que eu estava um pouco agitada. (Agitada é pouco, eu estava à beira do suicídio.)

Mas sobrevivi, e só não foi muito pior graças à delicadeza do entrevistador.

O Gasseur

Sempre...

* Chega meia hora antes do horário marcado para parecer "pontual".

* Chega uma hora depois para parecer "casual".

* Apresenta a mulher como "minha patroa".

* Fica para tomar um "café fresquinho" a sós com os anfitriões depois que a festa acabou.

* Pede emprestado e jura que devolve no dia seguinte.

* Faz críticas profundas a filmes que ainda não assistiu.

QUANDO A EMOÇÃO FAZ A

(assinatura)

UMA SESSÃO COM RUBENS EWALD FILHO

É fato que mesmo pessoas elegantes e bem-educadas estão sujeitas a deslizes de vez em quando. A diferença é que, quando essas pessoas cometem suas gafes, sempre dão um jeito de sair com classe, e a história acaba virando motivo de boas risadas depois.

Para comprovar essa teoria, reuni algumas histórias contadas por Rubens Ewald Filho, crítico de cinema e um grande amigo. Rubens é uma pessoa irrepreensível do ponto de vista do comportamento social. Talvez por isso mesmo, suas histórias tenham um sabor especial.

Tarde de autógrafos em Santos. Já cansado de tantas assinaturas, Rubinho ergue os olhos para ver se a fila ainda está muito longa. Está. São mais de cem pessoas esperando, pacientemente, para terem o prazer de dar um beijo em nosso amigo e levar seu livro autografado para casa. A maioria é de conhecidos, já que aquela é a sua cidade natal.

Ainda percorrendo a fila com os olhos, Rubens Ewald dá de cara com ela: uma senhora sexagenária, óculos pesados, que acena insistentemente para ele. "Tenho certeza que eu conheço essa senhora. E muito. Mas de onde? Será que é alguma amiga da família? Quando ela chegar eu descubro."

Rubens contava com aquele papelzinho que a editora coloca dentro do livro a ser autografado com o nome da pessoa, para que o autor não precise perguntar ou gastar seus neurônios na hora de fazer a dedicatória.

Mas a simpática senhora de óculos pesados havia jogado fora seu papelzinho.

"Imagine. Eu não preciso dessas coisas. Conheço o Rubinho desde criança. É claro que ele se lembra de mim."

É claro que ele não se lembrava.

Ao chegar sua vez, a simpática senhora quer compensar o tempo que ficou na fila: beijos, abraços, exclamações de júbilo, mais beijos, mais abraços...

Sufocado por aquela intensa manifestação de carinho, Rubens consegue abrir o livro para descobrir o nome da efusiva fã. Quando percebe que o papel não está lá, desmaia.

Calma. Ninguém perde os sentidos por se sentir numa tremenda saia justa. Na verdade, tantos anos na frente de telas de cinema deram a Rubens um raciocínio hollywoodiano. Ao perceber que não teria como escapar daquela, ele *fingiu* que passava mal e foi tomar um copo de água.

Nos bastidores, informou-se sobre quem era a senhora e voltou, triunfante:

— Dona Joaquina, me perdoe fazê-la esperar, mas foi tanta emoção rever a senhora depois de tanto tempo que até passei mal!

Ponto para o Rubens Ewald.

RUBENS EWALD NA FOGUEIRA

Claro que nem sempre é possível escapar de gafes com essa habilidade. O próprio Rubens já se viu numa situação em que não havia nada que pudesse ser dito ou feito.

Naquele ano, ele participava do Festival Internacional de Cinema em Cannes como jurado. Devido à agenda cheia de compromissos, Rubinho só pôde chegar à cidade algumas horas antes da abertura do festival e mal teve tempo de desembarcar, deixar as malas no hotel e correr para a sala de exibição.

O filme de abertura era *Joana D'Arc na Fogueira*, de Roberto Rosselini, com Ingrid Bergman no papel principal. Na verdade, era uma homenagem póstuma ao grande diretor italiano. Segundo o próprio Rubens Ewald, esse é um dos filmes chatos de Rosselini. Sabe aqueles filmes parados, em que as imagens se sucedem lentamente?

Depois de perder algumas noites de sono preparando a viagem e passar mais de dez horas no avião, com o relógio biológico enlouquecido por causa do fuso horário, não deu outra: mal se ajeitou na poltrona, ele começou a cochilar.

Rubinho, apesar do apelido carinhoso, tem 1 metro e 90 de altura. Numa sala de cinema, um homem daquele tamanho cabeceando sem parar é algo que chama a atenção até da pessoa mais distraída. E não é só isso: devido à sua posição torta na poltrona, ele não apenas "pescava" como, vez por outra, ressonava alto.

De repente, é despertado por um tabefe decidido no ombro. Abre os olhos assustado e não consegue distinguir a torrente de ofensas que a moça lhe dirige. Mas percebe que ela está uma arara.

Subitamente alerta, ele reconhece a moça: Isabella Rosselini, filha do diretor e da atriz principal de *Joana D'Arc*.

Explicar toda a sua aventura do Brasil até ali não vinha ao caso. Pedir desculpas também não seria suficiente. Só lhe restava um caminho: o da saída.

Anos mais tarde, assistindo mais uma vez a esse filme, Rubens confirmou sua opinião: mesmo sem *jet-lag*, é um filme de dar sono em qualquer um.

QUEM É QUEM

Em uma outra história de gafe, Rubens Ewald não foi o protagonista, mas a vítima.

Festa de lançamento de um filme. Além da imprensa, algumas dezenas de convidados enchiam o salão. A tietagem era inevitável.

— Rubens Ewald, que surpresa encontrar você aqui. Sabe que acompanho sempre o seu trabalho e é incrível como as nossas opiniões batem!

Era um senhor de meia-idade, com pinta de cinéfilo. Aquele tipo metido a intelectual que tem sempre uma opinião formada na ponta da língua.

– O que você achou desse último filme do Fellini? Ele anda cada vez mais autobiográfico e, se continuar assim, vai acabar se tornando insuportável, você não acha? Eu sei que você acha. Aliás, você tem reparado como o cinema americano tem se renovado? É uma coisa que eu sempre digo: se tem um crítico capaz de olhar para o cinema americano sem preconceitos é o Rubens Ewald Filho.

Na verdade era quase um monólogo. Um dava suas opiniões e o outro só balançava a cabeça.

– Mas eu tenho gostado mesmo é da Victoria Abril. Pena que ela seja espanhola, porque se tivesse nascido nos Estados Unidos estaria hoje entre as grandes divas do cinema, não é, Rubens?

Alguns minutos depois, Rubens Ewald encontra seu colega Maurício Kubrusly. Quem puxa o assunto é Maurício.

– Tá vendo aquele senhor ali? É seu fã. Falou comigo por quase meia hora achando que eu fosse você. Como ele estava tão animado e elogiando tanto, deixei ele falar à vontade. Agora, se ele chegar do seu lado e te chamar de Maurício, disfarça e diz que você é o Paulo Francis.

A situação se repetiu meses depois com um agravante. Rubens (dessa vez ele mesmo), pode estar acostumado a ser confundido com Maurício Kubrusly, mesmo que fisicamente só tenham em comum o formato do rosto e a barba. Mas a distração dos fãs leva a alguns absurdos, como esse ocorrido no Restaurante Gigetto, em São Paulo:

– Maurício, você por aqui? Que coincidência! Sabe que eu adoro o seu trabalho?

– Que bom! – responde Rubinho, já encarnando a figura do colega.

– Será que dá para me dar um autógrafo?

Rubens estava com a caneta em punho, pronto para assinar com o nome de Maurício Kubrusly, quando foi interrompido pelo fã:

– Aproveita e faz um desenhinho da Mônica e do Cebolinha. É pra minhas filhas, sabe?

Ser confundido com alguém da mesma área, que fala na televisão e tem barba, tudo bem. Mas com o Mauricio de Sousa foi completamente inédito.

DANÇANDO COM NUREYEV

Ninguém soube, ninguém notou. Mas eu passei a maior vergonha do mundo. E o que é pior: diante de mim mesma, porque só eu percebi. E quando me dei conta, não havia como consertar. O momento havia passado, e eu ali, perdida como um cão em dia de mudança.

O bailarino Rudolf Nureyev estava dançando no Brasil. Os entendidos em dança consideravam esta a sua última temporada. Pelo menos que valesse a pena assistir.

Eu lia esse tipo de afirmação nos jornais com um certo ceticismo, pois para mim tudo o que dissesse respeito ao genial Nureyev sempre valeria a pena. Em criança eu havia nutrido uma paixão platônica por Nureyev. Tudo o que se relacionasse a ele ou à sua carreira me interessava: recortava fotografias de revistas, fazia álbuns e, literalmente, tive um piripaque quando, em viagem com meus pais aos Estados Unidos, soube que havia perdido sua temporada em Nova York por apenas uma semana.

Com o tempo, a paixão deu lugar a uma admiração fervorosa.

Em todo caso, quando soube que ele dançaria no Brasil, alucinei. Apesar de não estar mais em seu apogeu, para mim Rudy ainda era o maior bailarino do mundo, e nada, nada mesmo poderia substituir aquela sua aura russo-romântica.

Comprei apenas um ingresso para a grande noite no Municipal, pois não queria dividir com ninguém um momento tão especial: finalmente eu veria pessoalmente meu ídolo dançando, voando no palco, espalhando aquela energia tão vital que transparecia até mesmo nas fotografias em preto-e-branco dos jornais!

No dia do espetáculo, amanheci com taquicardia e me aprontei como se depois da apresentação fosse jantar ao ar livre (supremo luxo!) com Rudy. Entrei no táxi rumo ao Municipal, como provavelmente Cinderela entrou em sua carruagem quando foi ao baile do príncipe: nas nuvens.

Já na platéia, minha emoção era tamanha, que nem me dei ao trabalho de olhar o programa que uma simpática senhora ofereceu. Eu estava ali para ver Nureyev dançar. *O quê* ele iria dançar, francamente não me importava a mínima.

A cortina se abre aos primeiros acordes da orquestra e eu me agarro na poltrona pronta para decolar. Me acalmo um pouco quando percebo que ainda não é a hora. Entra no palco um casal de bailarinos executando um *pas de deux* bem romântico. Quando termina, aplaudo mecanicamente, já de olho nas coxias esperando o que está por vir.

Contenho minha impaciência quando vejo entrar um grupo de bailarinas executando animadamente uma coreografia elaborada, porém claramente sem espaço para um elemento masculino. Ainda não seria desta vez.

Relembro o espetáculo no qual, alguns anos antes, Mikail Baryshnikov se apresentara, eletrizando o público com a sua aparição relâmpago em *O Pirata*, no mesmo Teatro Municipal. Naquela noite, pensei que nunca em minha vida havia assistido a uma coreografia tão curta (de apenas alguns minutos) e tão impactante. Quando terminou, a impressão que ficou é de que havíamos prendido a respiração do momento em que o vimos fulgurante, rodopiando no palco, até quando se retirou num vôo igualmente impressionante.

Bem, mas agora eu estava prestes a assistir ao *mestre* de Baryshnikov. Volto a me concentrar. Maldição! Mais um *pas de deux*. Desta vez mais melancólico e executado por dois homens. Reparo o quanto um deles, mais jovem, ainda carece de técnica, enquanto o outro executa todos os movimentos com precisão. "Nada como muita técnica para garantir pelo menos a correção se não a perfeição" – penso, impaciente.

Ao final, todos aplaudem, algumas flores são lançadas ao palco, e o público começa a se levantar, dirigindo-se ao saguão para o intervalo. Claro! Que ingenuidade a minha! O melhor foi reservado para o fim. Dificilmente o grande Nureyev abriria o espetáculo. Bem, agora falta pouco...

Enquanto subo a escadaria em direção ao bar, tenho a desagradável sensação de estar na contramão. O mundo inteiro parece ter dispensado um refrigerante, e desce apressadamente, enquanto eu subo, abrindo caminho a duras penas.

Quando chego ao bar, noto, cada vez mais incomodada, que ele está praticamente deserto a não ser pelo *barman*, guardando alguns apetrechos atrás do balcão.

— Por favor, uma água com gás.

— Já está fechado.

— Como está fechado? Mal começou o intervalo...

— Está fechado, moça, esse espetáculo não tem intervalo, já terminou.

Aparvalhada, olho para a escadaria, agora também deserta. Como terminou? Terminou o espetáculo e eu não vi Nureyev dançar? Não pode ser, será que Rudy caiu doente e não dançou justamente nesta noite? Não é possível, teria havido o maior bafafá, avisos e pedidos de desculpas, devolução de ingressos...

Mas, então, se ele dançou, *em que hora* dançou que eu não percebi? Completamente sem jeito, volto pelo caminho por onde vim como uma sonâmbula.

Não posso acreditar, mas havia acontecido: eu havia estado frente a frente com Rudolf Nureyev, assisti durante mais de dez minutos a uma apresentação sua, e simplesmente não havia percebido que era ele! Gafe! Gafe comigo mesma. Gafe monumental.

Ainda hoje, arrepio-me só de lembrar. Nunca mais pensei em Nureyev envolto naquela aura mágica que tanto me encantava.

GOD SAVE BILLY PAUL

Minhas amigas Tânia e Kátia estavam em Londres nos anos 70, quando leram que Billy Paul, o astro da *disc music*, se apresentaria num grande espetáculo ao ar livre. Não titubearam: pagaram encantadas o preço do cambista e no dia e hora marcados lá estavam as duas, completamente eletrizadas com a oportunidade de ver Billy num espetáculo que, sem dúvida, teria um toque mais sofisticado, pelo simples fato de acontecer ali, no país que fora o berço dos Beatles, Mary Quant e Carnaby Street.

Ao ouvir os primeiros acordes da banda, as duas imediatamente se levantaram, arrepiadas. Quando aquele negro alto e lustroso pisou no palco remexendo os quadris sugestivamente, gritaram, aplaudindo frenéticas, e, quando ele começou a cantar, acharam as duas que iam desmaiar de tanta emoção.

O público ao redor comportava-se com muito mais compostura, limitando-se a seguir o ritmo com os pés ou com a cabeça. Tânia e Kátia não estavam nem aí: elas já haviam sido alertadas sobre a fleuma britânica, mas isso era muito pouco para que se reprimissem. Assim, uma música após outra as duas vibraram e se esgoelaram tanto quanto tinham vontade. Quando, finalmente, ele saiu do palco, aplaudiam e batiam os pés no chão, pedindo bis, alucinadas. Os ingleses, é claro, limitavam-se a aplaudir e olhar divertidos aquelas animadas moças dos trópicos.

Elas ainda aplaudiam loucamente quando ouviram uma voz anunciando solene ao microfone:

– *And now, ladies and gentlemen, with you, mister Billy Paul!!!*

De maneira inversa, elas haviam sido vítimas da minha síndrome de Nureyev.

DEUS ABENÇOE O PAPA

São tantas as situações em que a emoção faz a gafe...

Veja o caso de Paulo Correia, presidente do Rotary Club do Brasil. Santista e católico fervoroso, depois de passar por toda a rigorosa burocracia do Vaticano, conseguiu uma audiência com o papa.

Na ante-sala do Vaticano suava frio, e tinha as mãos trêmulas. Quem diria que ele, nascido e criado à beira das ondas das praias de Santos, um dia estaria ali, naquela cidade milenar para pessoalmente receber uma bênção da autoridade máxima da Igreja! Ao entrar na sala onde já era aguardado, avançou com os braços estendidos e não se conteve:

– Sua Santidade, Deus o abençoe.

Caso único de alguém que foi a Roma e abençoou o papa. Que, verdade seja dita, deve ter adorado a variação na rotina.

O Choffeur

AO VOLANTE

➡ Foge do trânsito pelo acostamento.

➡ Anda no vácuo das ambulâncias.

⬅ Dá seta para um lado e vai para outro.

➡ Passa em alta velocidade nas poças d'água.

➡ Nunca sabe se seu carro é a álcool ou a gasolina.

➡ Tem certeza que dois pneus jamais furam no mesmo dia.

➡ Só coloca água no radiador no verão.

➡ Acha que seu carro cabe em qualquer vaga
(inclusive na de moto).

MESA DE

A Sopa do Itamaraty

– Edna, esta sopa está com gosto de cocô...

A frase já não seria delicada se tivesse sido dita em família, em uma sexta-feira chuvosa, depois de uma semana desgastante de batente. Mas não era o caso.

O autor era o ministro das relações exteriores do Brasil na época, e o jantar, em sua casa, absolutamente formal, para uma delegação estrangeira que visitava o país e cujos membros, infelizmente, falavam e compreendiam o português perfeitamente.

Nosso anfitrião, apesar do cargo, não primava absolutamente pela diplomacia e, habituada a esses rompantes, sua mulher nem responde.

Mas o constrangimento é geral e todos se olham sem saber muito o que fazer, até que alguém com maior presença de espírito muda cuidadosamente de assunto, e a noite segue sem maiores transtornos.

Quatro dias depois, a delegação vai partir e a despedida é um jantar oficial, dessa vez no Palácio do Itamaraty. Serve-se a sopa e todos olham para o ministro, que se limita a terminar a sua sem comentários, deixando todos bastante aliviados.

Por pouco tempo. Assim que o garçom retira o último prato, o delicado ministro olha para sua mulher na outra extremidade da mesa e dispara:

– Edna, esta sopa está muito pior do que a do outro dia lá em casa. Durante aquela administração, não se serviu mais sopa no Itamaraty.

BRASIL E CAMARÕES

Era uma senhora da antiga. Cabelos de cor lilás, pérolas no pescoço, sapatos exatamente no mesmo tom que o do cinto e um providencial lencinho de rendas, que parecia saltar de sua bolsa sempre que se fazia necessário. Dona Rosita também cultivava o hábito de organizar jantares, que acabaram se transformando em encontros disputadíssimos por duas razões: sempre giravam em torno de algum tema culinário (caça rara, peixes sofisticados ou frutos exóticos) e a forma com que ela recebia era impecável.

Naquela semana não se falava em outra coisa que não fosse o jantar à base de camarões de dona Rosita. Ela, sabendo disso, caprichou mais do que nunca. Sim, porque de repente o país havia sido invadido por uma noção de que camarão era uma coisa comum, para se comer de qualquer jeito, que bastava comprar por telefone, jogar um limãozinho, e pronto.

Tudo por causa da recente partida da Copa entre Brasil e Camarões, quando qualquer "unzinho" se achou no direito de degustar sem o menor requinte os pobres camarões. Era hora de resgatar a dignidade dos róseos crustáceos e era exatamente isso que ela se propunha a fazer.

No dia da festa ela parecia uma abelhinha zunindo pra lá e pra cá pela casa, supervisionando tudo: guardanapos engomados, lavandas perfumadas e as últimas instruções para Nalva, fiel cozinheira de tantos anos. Menos mal que o gato siamês Riu estivesse num dia calmo, pois ela não poderia dar a atenção a que ele estava acostumado. Riu era mimadíssimo.

Durante o jantar os convidados gemiam de prazer, soltando suspiros com a variedade de molhos servidos para realçar cada receita, e comentando como era difícil conseguir que camarões daquele tamanho ficassem tão no ponto, tenrinhos e macios...

Hora da sobremesa. Rosita estranha que Nalva, normalmente restrita aos domínios de sua cozinha, espiche a cabeça pela porta e faça um sinal, indicando que precisa falar com ela.

Dona Rosita escolhe ignorar o sinal da cozinheira e esperar pelo final da refeição para se levantar. No entanto, Nalva insiste, e, a contragosto, ela vai até a cozinha.

– Olha, dona Rosita, eu sei que a senhora não gosta, mas eu achei melhor falar logo com a senhora.

– Fale Nalva, o que é essa cara de desconsolo?

– É o Riu, dona Rosita...

– O que tem o Riu?

– Ele passou muito mal...

– Como assim? Fale mulher!

– Pois ele passou muito mal e morreu!!

Em tantos anos de casa, foi a primeira vez que Nalva viu sua patroa se descontrolar. Mesmo assim foi um descontrole rápido, a la dona Rosita: palidez, tremor nos lábios e nas mãos. Apenas a forma abrupta como se sentou traiu uma emoção mais forte:

– Não é possível, o meu Riu!

– E o pior...

– Tem pior?

– É que ele morreu depois que eu dei uns camarões pra ele; o coitadinho começou a tremer todo e estrebuchou...

"Santo Deus! Os camarões, não! Estavam deliciosos, não podiam estar estragados."

Imediatamente, anos de treino em matéria de traquejo social passaram por cima da dor, e Rosita começou a se preocupar não mais com o pobre gato (este já tinha um lindo enterro garantido), mas com a saúde de seus convidados e com a sua própria, pois ela também havia se deliciado durante o jantar.

O que fazer? Aviso já? Espero o café? Será que café tem algum efeito atenuante para veneno de camarão, como o açúcar teve no veneno de Rasputin? E se alguém já estiver se sentindo mal? Meu Deus, tenho de voltar para a sala!

Desacorçoada, ela volta ao salão com dúvidas cruciais: "Cada um reage de uma forma, e se eu não falar nada?" Não podia. Sua ética mandava que avisasse todos e o quanto antes. Ansiosamente, procurou algum sinal do desastre: pele amarelada, rostos empipocados, vermelhidões alérgicas... nada. Seus convidados estavam o que sempre foram: elegantes, compostos e alegres. Mas ela tinha de contar. Enchendo-se de coragem, dona Rosita dá a notícia a seus convidados com o seu habitual *savoir-faire*.

Perplexidade e pânico. (Disfarçado, claro, porque todos ali eram muito bem-educados.) Seguiram-se as sugestões mais estapafúrdias:

— Enfiamos o dedo na garganta? Será que adianta?

— Vamos tomar abacate com um copo de azeite, dizem que é bom...

E por aí ia, até que dona Rosita reassumiu o comando:

— Gente, vamos fazer a coisa como se deve. Proponho irmos todos sem demora a um hospital e lá faremos o que nos mandarem.

O que foi feito. No hospital, a sugestão àquele grupo tão perfumado quanto apavorado foi de que todos se submetessem a uma lavagem estomacal. Desagradável, claro. Lavagem é aquela coisa humilhante, incômoda e nada romântica. Mas, que remédio? Algumas pessoas já começavam a ficar muito nervosas, melhor era acabar logo com aquilo.

No dia seguinte, acordam todos muito bem dispostos, inclusive dona Rosita, que tão grata estava por ter escapado daquela – e anfitriã até o fim – que fez questão de acertar a conta do hospital e mandar um vasinho de violetas aos quartos, pedindo mil desculpas pelo contratempo. Chegando em casa, a triste realidade: providenciar o enterro do querido Riu.

Enquanto ajeitavam o caixãozinho branco debaixo de uma mangueira, ela ouve Nalva a seu lado, desconsolada:

— Pobrezinho, e pensar que eu só queria alegrá-lo um pouquinho depois do atropelamento...

— Que atropelamento, Nalva?

— Eu não ia dizer ontem pra senhora, dona Rosita, pois a senhora já estava nervosa com o jantar e depois com o envenenamento, mas o gatinho foi atropelado ontem pela Kombi do verdureiro. Passou por cima dele, tadinho, mas gato é gato, e ele saiu debaixo do pneu meio atordoado, mas inteiro. Ficou meio lerdinho durante a tarde, mas se animou quando eu dei os camarões.

Dona Rosita se sente desfalecer, não sabe se de alívio por saber que afinal não havia corrido nenhum perigo real, de pena do pobre Riu atropelado tão sem-cerimônia ou de ódio pelo papelão que havia passado diante dos amigos.

Entre confessar a gafe aos amigos e relembrar o acontecido com uma certa poesia, dona Rosita optou pelo segundo. Até hoje em seus jantares (que com o tempo prontamente voltaram a uma rotina) os amigos comentam a gentileza do vasinho de violetas no quarto de hospital.

E ela, previdente, confere pessoalmente se Vivian, a nova gatinha, está devidamente fechada em seu quarto desde o amanhecer. Apenas nos dias de jantar, claro.

CASA DE FERREIRO

O clima era de cerimônia, *pero no mucho*. Mesmo assim, minha amiga Lourdinha, de Serra Negra, havia caprichado na produção, vestindo um daqueles pretinhos coringas, próprios para uma noite confortável e, ao mesmo tempo, elegante.

Na mesa do jantar, a conversa rolava animada. Lourdinha, a simpatia em pessoa, foi a primeira a aderir quando a dona da casa proferiu o clássico: "Por favor, comecem, senão a sopa vai esfriar..."

Com desenvoltura, ela alcançou uma torrada. Uma inocente torradinha, que seria o pivô dessa quase tragédia social.

Ao partir a torrada, uma pequena migalha ganhou o espaço e se lançou ao ar. Ela viu a migalha voar, atravessando a mesa e, delicadamente, se alojar no olho esquerdo do anfitrião.

Não foi um desses inconvenientes que se resolve com uma simples assopradinha nos olhos e um pedido de desculpas. Não, a migalha se alojou para ficar, causando uma irritação imediata, que culminou com a interrupção do jantar e o anfitrião deitado no sofá, socorrido por um providencial colírio.

O pobre homem gemia e, quando conseguia dizer alguma coisa, apenas repetia:

– Fiz a escolha certa na vida, fiz a escolha certa na vida...

Lourdinha, aflitíssima, concordava com tudo, dispunha-se a soprar, segurava o frasquinho de colírio, recitava simpatias, tentava algumas benzeduras, mas a migalha continuava ali, firme. E o infeliz, recostado no sofá, repetia:

– Não se preocupe, eu fiz a escolha certa na vida.

Já no carro, comentando acabrunhada o caso com o marido, Lourdinha entendeu a ladainha de seu anfitrião: ele era o fabricante dos colírios Moura Brasil. Depois dessa noite, definitivamente convencido de que trabalhava no ramo certo.

O Gaffeur

Bem-Intencionado

* Manda as novidades *diet* para todos os seus amigos gordos (mesmo que eles não estejam fazendo regime).

* É sempre o primeiro a avisar da morte de qualquer parente, amigo, conhecido, astro de televisão...

* Leva os amigos recém-descasados para um *tour* pelos *single's bar* da cidade no dia seguinte ao do divórcio.

* Indica um ótimo cirurgião plástico às amigas.

* Jamais se esquece dos amigos nas festas de batizado, crisma, formatura de ginásio e aniversários das crianças.

* Lembra sempre que vocês se conhecem desde a formatura do ginásio e conta, exatamente, quantos anos faz isso!

SINISTRAS

TIBIRIÇÁ VAI A UM ENTERRO

Tibiriçá estava se sentindo meio desconfortável naquele terno preto. Todos os ternos que tinha eram claros, e ele não teve outra opção: pediu emprestado aquele de um amigo que, na verdade, era bem menor. Mas o enterro merecia.

Não que fosse muito chegado ao falecido, ao contrário. Havia acabado de conhecê-lo: estavam desenvolvendo um projeto juntos por ocasião da sua morte. Por isso, resolveu que devia ir ao enterro.

O falecido, a propósito, era funcionário de uma embaixada, e a embaixatriz em pessoa havia comparecido. Uma mulher elegantérrima em um *tailleur* preto e branco, com chapéu e óculos escuros.

Tibiriçá quis fazer bonito. E quando o Tibiriçá quer fazer bonito, sai debaixo.

Aproximou-se da embaixatriz com ares de quem era íntimo do morto e sussurrou:

– Grande perda!

A embaixatriz, que nunca tinha visto aquela figura no terno apertado, olhou para ele surpresa e, antes que ela tivesse tempo de reagir, Tibiriçá tomou sua mão para beijar, em um floreado gesto de reverência.

Assim que completou a mesura, ele descobriu o motivo do espanto da dama: ele estava pisando no cimento fresco que seria usado logo mais no túmulo.

Assustado, Tibiriçá dá um passo para o lado, tentando sair dali. E em seu espanto, ainda segurando a embaixatriz, leva-a junto, afundando também seus lindos sapatinhos bicolores. Tibiriçá não sabia o que fazer. Pedir desculpas seria ridículo. Tentar ajeitar a situação, impossível. Antes que a massa secasse, olhou para a embaixatriz, acenou com a cabeça e disparou:

– Foi um prazer conhecê-la. Tenha um bom dia.

Quando o caixão desceu, Tibiriçá já estava em casa, em um de seus raros momentos de consciência de gaffeur, literalmente querendo se enterrar.

ANTES CEDO DO QUE NUNCA

(Chiado, estática, interferência)

– Sim... Aqui é a Maria Teresa... Sei...

(Barulho, linha cruzada, queda de som)

– ... No hospital... É muito grave?... Morreu? Quando?...

(Mais chiado)

– ... Não dá... Estou com as crianças aqui... Quando é o enterro?

Guarujá, vinte e poucos anos atrás. Qualquer ligação era como falar em telefone celular dentro de um túnel. Mas não há engano: Afonsinho Tavares morreu. Alguma coisa entre tuberculose e atropelamento, muito sangue, não dá para saber ao certo. Não importa: Afonsinho Tavares passou desta para melhor.

Eu me lembro do drama. O enterro seria na tarde do mesmo dia. Minha mãe era muito amiga da viúva, mas estávamos todos em férias e tínhamos acabado de chegar. Seria impossível levar os pêsames pessoalmente. Meu pai começou a discussão:

– Teresa, você já redigiu o telegrama?

– Não, melhor você redigir, você é mais jeitoso...

– Mas ela é sua amiga.

– Sua também.

– Mais sua do que minha.

– Mas você é o homem da casa. É sua função falar em nome da família.

– Besteira. Com amigos íntimos não há essas formalidades.

Depois de muita discussão, decidiram escrever juntos.

– Como eu começo?

– Assim: "Querida Joana..."

– Como "Querida"? Só se chama a namorada de "querida".

– Imagine! Amigas íntimas também podem ser tratadas de "querida".

– Mas ela é sua amiga íntima, não minha. Escreva você, então.

Decidiram começar apenas com "Joana".

– Do que foi que ele morreu?

– Não sei. Não deu para entender direito. Mas isso não faz a menor diferença. O importante é que ele morreu.

– Como não faz diferença? Se foi uma morte trágica, tem que ser um telegrama trágico. Se foi por doença, pode ser mais simples. E se foi assassinato? Você falou de sangue, pode ser assassinato.

– Que absurdo!

– De jeito nenhum. Telegrama de morte por assassinato pode ter conteúdo político. Do tipo: "São coisas que acontecem num momento tão conturbado...". Ou então: "Sabemos que a revolta se confunde com a dor neste momento...". É totalmente diferente de um telegrama de pêsames de morte por doença.

– Claro que foi doença. A Mirthes falou alguma coisa sobre hospital...

– E se não for? Vai ser a maior gafe escrever "pelo menos ele descansou" se, na verdade, ele morreu atropelado na Dutra.

– Não fale bobagens.

– Por quê? Muita gente morre atropelada na Dutra.

Uma hora depois concluíram a mensagem. Um telegrama curto e direto ("Não muito curto, pois pode dar a impressão de que não estamos querendo gastar muito"): Sentimos muitíssimo perda tão grande PT Impossível comparecer a tempo em momento tão doloroso PT Contem com o nosso carinho PT Chegaremos o mais breve possível PT.

Assim que chegaram a São Paulo, meus pais foram visitar a família. Na casa do saudoso Afonsinho Tavares, foram recebidos por Mirthes, sua filha.

– Mirthes, querida. Obrigada por ter ligado para a gente lá no Guarujá. Nós ficamos muito chocados com a notícia, mas, realmente, não deu para chegar a tempo...

– Tudo bem, Teresa. Foi só um susto. O médico disse que papai deve ter alta daqui a umas três semanas. Eu liguei para você porque pensei que talvez seu tipo de sangue pudesse ser igual ao dele e eu precisava de um doador. Aliás, eu queria agradecer o seu telegrama. Mas ainda bem que chegou adiantado, não é?...

PARENTE É PARENTE

"Santo Deus! O que é que eu estou fazendo aqui?" – pensava Ewerton, enquanto subia a vinheta do *Jornal Nacional*.

Ao lado, a tia já ensaiava os primeiros cochilos.

Tudo havia começado precisamente às 6 da tarde. Chegando em casa do escritório, a notícia: tio Ermelindo morreu. Não que fosse surpresa. Todos conheciam o estilo de vida do tio Ermelindo: muita bebida, noitadas com senhoritas e alguns maços diários daquele cigarro francês fedorento que o Gerald Thomas também fuma.

Morto o tio, Ewerton sentia-se no dever de levar algumas palavras de consolo à tia imediatamente. Embora não muito ligados, tia Marocas era uma de suas tias preferidas. Tão doce, tão frágil e sempre agüentando com classe as aventuras fora de época do marido. Tia Marocas também conhecia o segredo de uma receita de carolina, que preparava como ninguém.

Assim, já sentindo o aroma das carolinas, Ewerton pensa em sua missão enquanto toca a campainha.

A tia abriu a porta, carinhosa como sempre:

– Ewerton querido, achei que você nunca viria me visitar...

– Que é isso, titia! Parente é parente, em momentos de necessidade nunca devemos duvidar da força dos laços de sangue...

– Como vai sua mulher? Como é mesmo o nome dela?

Que fria! Havia se esquecido de convidar a tia para o casamento. Bem, mas já fazia tanto tempo... Ela não era do tipo de guardar ressentimentos. Ainda mais num momento difícil como aquele.

– Eu fiz algumas carolinas, você ainda gosta?

Claro que gostava. Pobre tia Marocas, deve ter entrado na cozinha num ato reflexo para espantar o desgosto. Muita gente usa esse expediente como terapia... Para uma viúva tão recente, ela até que estava reagindo muito bem.

Quem sabe, no fundo, ela estivesse até um pouquinho aliviada, afinal de contas, acabaram-se de vez as humilhações com a infidelidade declarada do marido e, principalmente, nunca mais a fedentina do infame cigarro francês empestearia a casa, da qual era tão zelosa! Pois é: quem disse que vaso ruim não quebra?

Os dois já haviam consumido toda uma assadeira de carolinas e vários cafezinhos, quando Ewerton ouviu a prima chamando da porta. Ótimo! Melhor discutir com ela os detalhes do enterro. A tia pode parecer muito bem, mas nunca se sabe...

— Ewerton, que coincidência! Acabei de falar de você com papai, no hospital. Ele nos deu um susto danado, mas já está bem melhor. Vaso ruim não quebra, meu filho! Mas que bom ver você! O que há de novo?

Ewerton disfarçou, e assim que pôde despediu-se das duas.

Tio Ermelindo morreu anos depois, em um acidente de carro. Por azar, o sobrinho estava viajando e perdeu aquela fornada de carolinas.

TROCANDO AS BOLAS

Uma das habilidades políticas mais festejadas do prefeito Paulo Maluf é a sua capacidade de reverter situações embaraçosas e sair-se bem das piores saias justas. Consegue tirar de letra qualquer imprevisto com a maior naturalidade.

Há algum tempo, ele foi convidado para um jantar na casa de meu irmão, Andrea. Na hora marcada, lá está o prefeito tocando a campainha do apartamento. Quem atende não é meu irmão, e sim outro velho conhecido, Humberto Mauro.

— Doutor Paulo, que prazer.

Abraços, tapinhas nas costas e o convidado ilustre já está tomando conta do ambiente. Alguns drinques e salgadinhos depois, a ausência dos outros convidados se faz notar.

"Será que eu cheguei cedo demais?"

Empolgados, falam sobre política, economia, situação nacional, carga tributária, até que, esgotados os assuntos, o doutor Paulo pergunta:

— Mas a que horas sai o jantar?

— Me desculpe, doutor Paulo. Eu não estava prevenido. Se o senhor puder esperar um pouco, eu mando providenciar um jantar.

— Como providenciar? Aqui não é a casa do Andrea Matarazzo?

— Infelizmente, não. Ele mora dois andares abaixo.

— É claro. Mas eu precisava mesmo falar com você...

Dr. Paulo nem piscou. Terminou seu uísque tranqüilamente, marcando um almoço para a semana seguinte:

— Precisamos terminar nossa conversa com mais calma. Pena que hoje eu já tenha esse compromisso...

Nem todo mundo tem essa habilidade. Eu mesma vivi uma situação parecida:

Aos 20 anos, eu cantava no coral da USP, sob a regência do maestro Benito Juarez. Às vezes, éramos convocados para cantar em alguma festa ou evento que fosse interessante para a promoção do coral, o que fazíamos com o maior gosto.

Numa dessas ocasiões, lá fomos eu e mais cinco amigos para uma festa num conjunto de prédios moderníssimos num condomínio fechado.

Ao entrarmos no apartamento, a festa corria solta:

— Boa-noite, podem entrar.

Refrigerantes e salgadinhos em profusão, muita conversa, e nada do resto das pessoas chegar (o coral completo tinha 45 integrantes).

Onze e meia, meia-noite...

E nada do coral chegar.

Finalmente, cansado de esperar, meu colega Eduardo anuncia em voz alta:

— Um momento da atenção de todos, por favor. Nós pedimos desculpas pela ausência de nossos companheiros, que, certamente, devem ter sido vítimas de algum imprevisto. Mas isso não impedirá que o coral da USP marque sua presença nesta maravilhosa festa. Vamos cantar...

Cantamos da maneira que foi possível com apenas seis pessoas e até que agradamos bastante, pois o dono da casa, emocionadíssimo, veio nos cumprimentar:

— Que coisa mais linda! Foi uma surpresa deliciosa.

— Como surpresa? O senhor não estava esperando a gente?

— Pra dizer a verdade não... mas foi ótimo, animou tanto a reunião...

— Aqui não é o apartamento 23, bloco B?

— Não. Aqui é o apartamento 23, bloco A.

Saímos todos com cara de ovo: não apenas havíamos feito um show gratuito na festa errada, mas também deixamos de fazer nossa apresentação na festa certa, que, àquela altura, já havia terminado.

ESTILO TIROLÊS

E quando a gente tem certeza de que está no lugar certo, mas tudo no lugar está errado? Foi assim:

Eu trabalhava na Abril Vídeo e havia sido incumbida de fazer uma matéria mostrando a casa de um dos maiores decoradores de São Paulo, o saudoso José Duarte Aguiar. Como era uma pessoa cheia de compromissos, Zé Duarte me avisou:

— Eu não vou estar em casa, mas deixo a porta encostada, e aviso o porteiro que vocês estão indo. Vão começando, façam as imagens da casa sem mim, que eu chego em seguida para a entrevista.

Dito e feito. Chegamos, o porteiro já havia sido avisado e a porta estava encostada. No entanto, assim que entramos, sentimos o problema: o apartamento de um dos papas da decoração brasileira era simplesmente um horror! Na parede da sala estava pendurada a maior coleção de relógios cucos tiroleses que eu já havia visto na vida. O resto da mobília consistia daqueles conjuntos modulares tipo "faça-você-mesmo".

Arrasada, eu tentava imaginar como explicar ao meu editor que a pauta pela qual eu havia colocado a mão no fogo era completamente furada. E o pior: como eu, uma simples jornalista, chegaria para o conhecidíssimo José Duarte Aguiar e diria, na lata, que o apartamento dele era simplesmente medonho e que não ia dar para fazer matéria nenhuma?

De qualquer forma, Capeta, nosso *cameraman*, foi fazendo algumas imagens dos cucos tiroleses que, afinal, eram a única coisa pitoresca da casa.

Eu estava pra lá de desconsolada, quando entra no apartamento um gigante loiro aparentando uns 45 anos de idade que, visivelmente irritado, pergunta, com um fortíssimo sotaque alemão:

— *O que vocês esshtá fazem aqui na minha apartamento?*

Não era a casa do Zé Duarte. Depois de pedir desculpas pela invasão, pensei aliviada que nunca havia sentido tanto prazer ao constatar um erro.

A propósito: o apartamento certo era simplesmente divino, como era de se esperar, e dei muitas risadas com o Zé, tentando entender a incrível coincidência de portas entreabertas no mesmo andar (em blocos diferentes) exatamente no mesmo dia e horário.

GAFE RELÂMPAGO

Às vezes, as gafes podem se concentrar em cenas curtíssimas. Veja o que aconteceu com um amigo médico:

Entra em seu consultório uma senhora, já de cabelos brancos, queixando-se de dores reumáticas. Assim que o vê, ela abre um largo sorriso e pergunta:

— Você não se lembra de mim?

Sem pestanejar, ele responde:

— Claro, a senhora é amiga da minha mãe.

A senhora dá um sorriso meio sem jeito e diz:

— Não. Estudamos na mesma turma na faculdade.

Apesar dele ter se metido em uma situação delicada, a culpa foi da senhora reumática. Isso lá é pergunta que se faça?

LÂMIA VAI ÀS COMPRAS

— Esta cidade está uma loucura!

Lâmia chega esbaforida ao salão de chá do clube, carregando meia dúzia de pacotes. É uma libanesa típica, de cabelos negros e gestos decididos. Coloca os pacotes em cima de uma mesa e se dirige às outras mulheres, que tomam seu chá sossegadamente.

— Vocês não imaginam a loucura que está o *shopping*. Tem gente saindo pelo ladrão. Também, quem mandou deixar as compras do Dia das Mães para a última hora? Sou uma besta mesmo...

A essa altura, ela já monopolizava a atenção de todas. Entre as mesas de chá, contava suas peripécias no *shopping*, como quem fala de um safári na África.

— Foram quarenta minutos só para achar uma vaga! Mas o Dia das Mães merece.

Aproxima-se da mesa em que minha mãe e três amigas olhavam extasiadas para aquele furacão em forma de mulher.

— Vocês sabem que eu levo esses dias muito a sério, não é? Comprei presente para todas: para minha mãe, minhas duas noras, minha sogra e para mim também, que, afinal de contas, depois desse sacrifício, bem que merecia. E você, Ana Maria, já comprou presente para sua mãe?

— Mas, Lâmia, minha mãe morreu há três anos.

O burburinho silencia à volta de Lâmia, todas as senhoras esperando a reação que seguiria.

Ela pisca e emenda ainda esbaforida:

— Sorte sua, viu! Se você visse como estava o *shopping* hoje, ia dar graças a Deus.

O absurdo da cena é tamanho, que até a " órfã sortuda" sorri...

O Gaffeur

Espertinho

* Se acha automaticamente convidado para todas as festas.

* Supõe que o item "traje" nos convites se aplique apenas aos outros.

* Pensa que "RSVP" significa Responder Só Vai Piorar.

* Está sempre apressado demais para entrar no fim da fila.

DO PALANQUE
AO PALÁCIO

"POLITITICA"

Deve ter sido realmente um enorme apuro para o presidente Menem, da Argentina. Ele pediu ao seu secretário que colocasse na linha o presidente do Brasil. O secretário encontra na agenda "Casa da Dinda", presidente Fernando, e não dá outra: atende o ex-presidente Collor, que conversa com Menem por vários minutos, até que, achando que o problema de cotas de importação de carros realmente deveria ser conversado com o presidente em exercício, Fernando Henrique, sugere isso a seu ex-colega. Alerta para um possível engano, o outro lado da linha emudece, perplexo:

— Mas quem está falando não é Fernando Henrique?

— Não, é Fernando Collor, *duela a quien duela...*

Numa hora dessas um simples "desculpe, foi engano" não funciona.

Mas a verdade é que os políticos possuem uma extraordinária capacidade de contornar esse tipo de situação (além da enorme cara-de-pau indispensável à profissão), e Menem com suas impagáveis costeletas grisalhas, provavelmente tirou essa de letra, e acabou descontando sua raiva no secretário trapalhão.

São raras as vezes em que um político tarimbado fica sem resposta diante de uma situação inesperada. Mas acontece. Até mesmo com raposas como o prefeito Paulo Maluf. Imaginem a cena:

Época da ditadura. O então governador de São Paulo Laudo Natel é o anfitrião numa recepção oficial (e naquela época "oficial" tinha um peso muito diferente do de hoje). Entre os convidados, um caricato general da república. Aliás, general também era General, assim mesmo, com "G" maiúsculo. Encontram-se numa roda o então prefeito Paulo Maluf, minha mãe, Laudo Natel e o General.

Aqui cabe uma explicação: minha mãe e Paulo Maluf são amigos de infância, destes amigos cujos pais já eram amigos e os avós emigraram juntos para o Brasil. Amigos do tipo de trocar chutes quando crianças por baixo da mesa, e passar trotes um no outro. Por isso, apesar de não haver nenhum laço de sangue entre eles, para simplificar, em vez de contar toda a saga da emigração dos avós, Paulo simplesmente apresenta minha mãe como "minha prima". Foi o caso daquela noite. À guisa de iniciar uma conversa mais amena, o prefeito diz:

– General, gostaria que o senhor conhecesse minha prima, por quem tenho muito carinho, Teresa Matarazzo.

O General mede minha mãe de cima até embaixo, aperta os olhinhos e ergue as sobrancelhas espetadas:

– Prima é? Pois na minha terra tem um ditado muito certo...

Silêncio incômodo à espera da declaração oficial. Finalmente minha mãe, mais extrovertida:

– Não diga, e qual é o ditado?

– É o seguinte: a porca, a prima e a pomba é que sujam a casa...

Segundo minha mãe, foi a única vez, em sua longa amizade com Paulo Maluf, que ela o viu sem resposta.

ASES INDOMÁVEIS

OK, nem todas as pessoas que usam farda são obrigatoriamente tão indelicadas.

O brigadeiro Melo Moura, por exemplo, foi vítima de uma gafe causada por pura (e inexplicável) distração e, como também tivesse ficado sem resposta, optou por fingir que não havia escutado a pergunta. Foi assim:

Ao redor da mesa, já no final do jantar, estão o brigadeiro, Lúcio Falzi, sua mulher, Irina, e mais um casal. Lúcio é um tipo falador, adora esportes radicais, desde muito jovem pilota aviões e, lembrando-se da paixão do brigadeiro pelas alturas, engata com ele uma conversa sobre novos modelos, turbinas, etc. Os outros, até por não entenderem muito do assunto, escutam em silêncio. Pedem mais um licor, e a conversa continua animadíssima. A um certo momento, Lúcio comenta com a típica espontaneidade italiana:

— Mas que delícia conversar com o senhor, brigadeiro, há muito tempo que não nos víamos; quer dizer que o senhor continua interessado por assuntos da aviação?

Silêncio atônito. Lúcio recebe um pontapé de Irina por baixo da mesa e todos resolvem falar algo simultaneamente. O brigadeiro não responde, e Irina cochicha furiosa ao marido:

— Ficou louco, Lúcio, isso é pergunta que se faça?

— O que foi que eu disse?

— Você só perguntou ao ministro da aeronáutica se ele se interessa por aviação!

Talvez não tenha sido uma distração tão inexplicável assim. Afinal de contas, será que você saberia dizer, bem rapidinho, qual é o nome do atual ministro da aeronáutica?

A TARA DO PREFEITO

Alguns políticos, por incrível que pareça, conservam certos pudores em situações constrangedoras. E às vezes o caso nem é para tanto. Uma amiga nossa sempre conta com carinho o caso que presenciou num jantar oficial com o então prefeito de São Paulo Faria Lima.

Era um jantar a rigor, todos sentados em mesinhas espalhadas pelo salão. As cores da decoração eram preto, vermelho e branco, cores da bandeira paulista, e os guardanapos vermelhos conferiam um toque alegre à mesa. Enquanto se serve no *buffet*, nossa amiga vê o prefeito dirigir-se a ela aflitíssimo:

— Eugênia, você nem pode imaginar o que me aconteceu! Não vou ter coragem de voltar à mesa.

– O que é isso, prefeito? O que houve?

Vermelho e esbaforido, o prefeito explica que seu guardanapo caiu no chão, e que ele, disfarçadamente, resgatou-o, limpou os lábios e deixou-o no colo. Quando retomou a conversa com a sua vizinha de mesa (no caso, a mulher do homenageado) deparou-se com um olhar furibundo e ouviu um sibilante:

– O senhor não tem vergonha?

– Como, minha senhora?

– Que tipo de tara é essa de beijar a bainha do vestido das senhoras? O mundo está perdido mesmo!

Dito isso, a matrona levantou-se indignada, deixando um estupefato Faria Lima sem a menor chance de se desculpar e explicar o engano.

Disfarçando sua vontade de rir, Eugênia tentou convencer o prefeito de que, no caso, quem havia se comportado como uma megera sem o menor jogo de cintura havia sido a senhora em questão. Mas foi difícil. Torcendo as mãos, ele gemia:

– Meu Deus, que vergonha, não sei com que cara vou voltar para a mesa!

Faria Lima morreu cedo, e foi poupado de tantas vergonhas nacionais que certamente teriam abalroado sem piedade seu senso de pudor exacerbado.

"FI-LO PORQUE QUI-LO"

Esse tipo de situação jamais teria acontecido ao ex-presidente Jânio Quadros, por exemplo, conhecido por suas respostas bombásticas e temperamento explosivo. Prova disso é um fato que ocorreu no Guarujá logo depois de sua eleição, algumas semanas antes da posse.

Jânio havia tirado alguns dias para descansar em sua casa no Guarujá, onde aproveitaria para receber uma delegação da Inglaterra em caráter extra-oficial, mas nem por isso menos importante.

Meus pais tinham sido alunos de Português do professor Jânio no Colégio Dante Alighieri, e, apesar de jamais se envolverem muito com política, desenvolveram uma amizade que haveria de durar por toda a vida do ex-presidente, talvez até mesmo pelo fato de serem totalmente neutros em relação a questões em que dr. Jânio era completamente passional.

Voltando ao Guarujá: era época de temporada, e nossa casa era a uma distância confortável para visitas. Como minha mãe falasse muito bem inglês, Jânio convidou-a para participar de um coquetel com a delegação em sua casa, por volta das 6 da tarde. No entanto, recomendou que chegasse um pouco antes, assim ela e dona Eloá teriam tempo de colocar o assunto em dia.

Assim, apesar de ser pouco mais de 4 da tarde, lá vai minha mãe em seu vestido colorido Emílio Pucci (era o começo da década de 60), com um chapéu de palha verde-água combinando.

Naquela época as estradinhas do Guarujá eram uma verdadeira aventura. Como ficássemos lá mais de dois meses, levávamos não apenas o Melo, motorista que fazia parte da família, mas também uma perua Kombi capenga, à prova de mar e maresias, que substituía o carro de passeio com muita eficiência.

Assim, munida de seu *kit* Pucci-Guarujá e seu inglês impecável, minha mãe desembarca da Kombi pronta para o que desse e viesse, e é recebida efusivamente por Jânio e dona Eloá. Depois de algum tempo, o presidente sugere a dona Eloá que a leve para dar uma volta na nova perua Willys, aproveitando para mostrar as melhorias que haviam sido feitas no loteamento. E lá se vão as duas.

Quando começa a desabar o maior temporal, elas acham até natural, pois a época é de chuva mesmo. O temporal continua e apesar da "modernidade" da nova Willys, elas atolam. Atolam e ficam aflitíssimas, pois dali a pouco mais de meia hora, a delegação deveria estar chegando e elas ali, atoladas, incomunicáveis (telefone celular não existia nem em projeto) e longe da casa. Descer e se ensopar para chamar ajuda até que seria uma idéia. Mas naqueles ermos não havia o menor sinal de alguém que pudesse ajudar. Não valia a pena correr o risco. Debatem a situação e chegam à conclusão que, quando reparasse que elas não chegavam, dr. Jânio mandaria alguém ao seu encalço.

– O Melo está lá – diz minha mãe. – Daqui a pouco ele vem com a Kombi e nos tira daqui.

– Meu Deus, Jânio deve estar uma arara, eu ainda nem organizei os drinques; vai atrasar tudo, justo com os ingleses, tão famosos pela sua pontualidade.

– Calma, dona Eloá, estamos só um pouco atrasadas, quem sabe eles também não se atrasam com essa chuvarada...

De repente, elas enxergam através da cortina de água a Kombi, ao longe, se aproximando.

– Graças a Deus! – murmura dona Eloá.

Estranhando a figura ao volante com seu chapéu Emílio Pucci, minha mãe comenta:

– Acho que o Melo enlouqueceu! Onde ele pensa que vai usando meu chapéu?

– Não é o Melo, Teresa, é o Jânio! O Melo veio junto, mas é o Jânio que está dirigindo!

Agradecida por estar sendo salva do atoleiro, minha mãe passa por cima da peculiaridade da situação de ver o presidente do Brasil envergando, com a maior naturalidade, um chapéu de abas largas verde-água. E sufoca um gemido, quando vê que ele é usado, sem a menor cerimônia, como guarda-chuva.

Segue-se a clássica discussão de marido e mulher:

– Você não prestou atenção, Eloá, como é que pôde atolar uma perua alta dessas?

– Como não prestei atenção? É que o lugar é impossível, olha aqui a valeta, ainda mais com esse aguaceiro...

Cordas, amarração, a Kombi puxa daqui e dali. Melo e o presidente do lado de fora encharcados, e as mulheres do lado de dentro ansiosas com o horário. Finalmente, depois de mais de uma hora, já perto das 7 da noite, a Willys é desatolada.

– Ainda bem, Jânio! Vamos logo, os ingleses já devem ter chegado. Espero que os caseiros tenham se feito entender explicando o contratempo.

– Não vamos embora não senhora! Vou mostrar como foi barbeiragem!

– Ficou louco? Não dá tempo, além do mais continua chovendo, pra que isso agora?

– Para provar para as senhoras que isso não acontece com quem sabe dirigir! Vejam só, entrem aqui, vou mostrar como se faz.

Dito isso, ele assume o volante e... atola espetacularmente mais uma vez.

E os ingleses? Como não haviam passado por nenhum "Atoleiro I" ou "Atoleiro II – a vingança", não tiveram o menor problema em acreditar na desculpa perfeitamente plausível fornecida pelo presidente, no dia seguinte. Dr. Jânio tinha lá suas falhas no trato social, mas como político tinha tiradas brilhantes.

E o chapéu verde-água? Sobreviveu a tempestades e presidentes e até hoje é usado na fazenda quando fazemos alguma caminhada mais longa.

O BAILE DA RAINHA

Reis e rainhas são o supra-sumo da diplomacia quando se trata de consertar uma gafe. Também pudera: desde o momento em que emitem o primeiro choro são ensinados a não ofender ouvidos mais sensíveis, como agradar em situações completamente impossíveis e, principalmente (o mais difícil), como manter aquela pose real de verdadeira aristocracia.

A Rainha Elizabeth II da Inglaterra visitou São Paulo na década de 60. Porém, pelo menos em uma pessoa todo o seu *know-how* real não deixou marcas mais profundas, pois foi suplantado pela natural elegância do então governador de Estado Roberto de Abreu Sodré.

A cidade inteira viu sua rotina alterada com a visita da rainha. Apenas um baile oficial era muito pouco para saciar a curiosidade de toda a população que, naturalmente, teria de se contentar em ver a rainha nas fotos de revistas, pela televisão, ou, com mais sorte e persistência, passando em carro aberto no cortejo.

Nossa amiga Cíntia Lopes nem precisaria se incomodar em seguir o itinerário real, pois havia sido uma das felizardas que receberam o convite para o baile. No entanto, tiete incorrigível, ao saber que a rainha faria uma visita à Escola Britânica de São Paulo, e que estaria passando *em frente* ao seu cabeleireiro exatamente às 11 horas da manhã, não resistiu: marcou hora para as 10; assim estaria por perto, e, quando Sua Majestade passasse, bastaria sair até a calçada.

Aliás, o baile era naquela mesma noite e ela teria de fazer o cabelo e os pés, pois planejava usar suas sandálias altas com tirinhas de *strass*, e seus dedinhos tinham de estar perfeitos. Imagine se o Príncipe Philip resolvesse olhar justamente para os seus pés?

Cinco minutos antes das 11, começam a ouvir as sirenes dos batedores. Cíntia, com enormes *bobs* na cabeça e com os dedos dos pés ainda separados por aquela horrorosa espuma colorida, que usavam na época para não borrar o esmalte, não tem dúvidas: pede um chinelo de dedo para a manicure e sai na calçada, espichando o pescoço para ver a rainha.

Muita gente havia tido a mesma idéia, mas ela, precavida, já estava lá desde cedo e conseguiu sua beirinha de calçada bem próximo ao meio-fio. Se estendesse o braço, era capaz de alcançar o carro oficial.

Quando, finalmente, passa o carro, a multidão grita entusiasmada, bate palmas e dá vivas. Ela, contagiada, também acena freneticamente. De repente, pára o gesto, querendo se jogar debaixo do carro de vergonha: ao lado da rainha, o governador Sodré reconhece Cíntia (apesar dos *bobs* medonhos e do chinelo de dedo) e sorri mais abertamente, acenando diretamente para ela. Não havia engano: era para ela mesmo. Ela de *bobs*! Ela que estava se preparando para aparecer como Cinderela logo mais à noite, com suas sandalinhas de tiras de *strass*!

E agora? O que vai pensar o governador dessa demonstração explícita de tietagem popular, justo ela que já havia ensaiado seu melhor olhar *blasé* para o baile, como se bailes reais acontecessem todos os fins de semana em sua vida?

Já no Palácio do Governo, o baile corre bem divertido, até o momento em que ela vê Roberto Sodré se aproximar. Ainda lhe ocorre tentar explicar alguma coisa, dizer que estava testando *bobs* ao ar livre, que ela tinha uma irmã gêmea que adorava rainhas, qualquer coisa! Cumprimenta o dr. Roberto sem ousar olhar nos seus olhos, e ainda está pensando se vale a pena tocar no assunto quando ouve ele dizer:

– Que bom encontrar vocês! Hoje foi um dia tão movimentado! Confesso que esses cortejos em carro aberto deixam a gente meio zonzo. Uma agitação tão grande, a gente não ouve nem vê nada! Estes são os primeiros momentos do dia que estou aproveitando um pouco.

Ato contínuo, o governador se vira para Silvano, marido de Cíntia, e declara com seu jeito suave:

– Silvano, deixe-me dizer que poucas vezes vi Cíntia tão bonita como esta noite. Parabéns, minha querida, você certamente é uma das mulheres mais elegantes desta festa. O que, aliás, é uma sua qualidade que independe da ocasião.

Para Cíntia, até hoje, só existe uma pessoa que pode dar aulas de diplomacia para Sua Majestade: o dr. Roberto Sodré.

SALADA À ESQUERDA

Sejam reis ou políticos, a verdade triste e prosaica é que todos tendem a imitar em gestos, posturas e palavras quem está no poder. Não que essas pessoas possuam necessariamente algo que valha a pena ser imitado ou usado como parâmetro. É que o poder simplesmente *pode mais.*

Essa noção totalmente deturpada acaba criando situações hilárias e completamente inusitadas. Foi o caso de um jantar na Embaixada Brasileira da Tailândia em homenagem a um proeminente político da nossa esquerda.

Dono de um estilo rústico, porém muito simpático, nosso personagem sempre primou pelo seu jogo de cintura e charme, que certamente compensavam amplamente o que poderia lhe faltar em verniz social.

Uma vez acomodados à longa mesa de mais de 3 metros, os convidados esperam meio inquietos a extensa seqüência de pratos típicos, tão coloridos quanto desconhecidos. Por isso, suspiram aliviados quando percebem que a entrada nada mais é do que uma simples e refrescante salada de folhas.

Nosso amigo passa por cima do detalhe da meia-lua de porcelana própria para saladas, estrategicamente colocada à esquerda de seu prato, e não tem a menor dúvida: serve-se fartamente das folhas no prato maior, à sua frente mesmo. Realmente era apenas um detalhe, mas para pessoas acostumadas ao protocolo, uma gafe embaraçosa. Quando chega a vez do embaixador, ele, como bom anfitrião e político, não hesita: também se serve da salada no prato, em vez de utilizar a meia-lua.

Alguns convidados mais descolados, entrando no espírito da bajulação, rapidamente começaram a passar suas folhinhas da meia-lua para o prato grande.

Notando a movimentação, nosso esperto personagem não demorou muito a perceber seu erro. E, sem o menor problema, resolveu consertar a situação: iniciou uma rápida, porém trabalhosa, transferência da salada de seu prato para a meia-lua. Se era assim que se comia, não haveria de ser um detalhe como esse que iria expô-lo ao ridículo.

Ocorre que, àquela altura, a maior parte das saladas já havia sido passada para o prato grande, imitando o gesto de consideração do embaixador.

Mas embaixador que é embaixador não deixa seu convidado de honra na mão. Assim, nosso representante não teve outro remédio a não ser iniciar mais uma transferência, desta vez do prato para a meia-lua.

E é claro que foi imediatamente acompanhado por seus convidados, no que já estava claramente configurado como uma verdadeira dança das folhas.

Finalmente acomodadas, as saladas começaram a ser degustadas com aproximadamente quinze minutos de atraso, ante o olhar perplexo dos garçons tailandeses, que certamente acharam muito estranho aquele ritual de passa-passa antecedendo as refeições.

FRAQUES E GAFES

A amizade de meus pais com o ex-presidente Jânio Quadros acabou rendendo uma série de casos para o patrimônio de histórias da família. Uma figura tão original como ele transformava, mesmo que indiretamente, as situações em um roteiro de aventura.

A simples proximidade do ex-presidente já era motivo para que os fatos mais peculiares acontecessem.

Foi assim, por exemplo, no dia em que Jânio tomou posse na Presidência da República.

Meus pais foram convidados para a cerimônia, na recém-inaugurada Brasília. Ora, uma cerimônia de posse já é uma ocasião formal, mas, quando o presidente empossado é alguém como Jânio Quadros, a situação é de rigor absoluto. Isso, somado ao fato de que se vivia o início da década dourada de 60, justificava a exigência do uso de fraque para a festa.

O que significava uma grande dor de cabeça. Pouquíssimas pessoas têm um fraque esperando a postos no armário para sair em uma noite de gala. Quem tem, quase nunca está disposto a emprestá-lo. Aluguel de roupa naquela época não era uma operação fácil e eficiente como hoje.

Meu pai tinha um fraque. Mas, infelizmente, os fraques não engordam com as pessoas.

O fraque de nosso tio Costabile era largo demais (ainda se passariam alguns anos até que a sua silhueta alcançasse a do "zio"). Finalmente ele encontrou um amigo disposto a ceder por alguns dias aquela preciosidade.

Sim, porque para o dr. Sílvio Ritto o fraque era muito mais do que uma variação de peça no vestuário, adquirindo o status de *objet d'art.*

Apesar dos médicos se destacarem por serem basicamente despojados dos valores terrenos, não era isso o que acontecia com o dr. Ritto.

Obsessivamente preocupado com a aparência, todas as suas roupas eram feitas sob medida, nos melhores alfaiates. Era do tipo que usa camisas de cambraia e lenços casca de ovo com as iniciais bordadas. E tinha ataques apopléticos ao menor indício de vinco duplo nas calças ou de rugas no colarinho.

Nem é preciso dizer a novena de recomendações feitas por ele ao entregar o fraque, carregando-o nos braços com os cuidados que se dispensa a um recém-nascido: "não se esqueça que é um fraque muito especial"; "eu mandei fazer em Londres"; "tecido dessa qualidade não se encontra mais"; "Brasília ainda está cheia de lama das obras. Se escorregar, que seja sem o fraque"; "se o avião cair, procure resgatar a mala".

E daí por diante.

O fraque do dr. Sílvio foi tratado como uma relíquia religiosa. Nem o Santo Sudário recebeu tanta atenção.

Mas é claro que o inevitável aconteceu.

Você precisa ouvir o barulho que faz um fraque de tecido inglês ao rasgar de fora a fora.

Meu pai, abaixado, não teve nem coragem de se levantar: ele já ouvia os impropérios do dr. Ritto retumbando em seus ouvidos.

Mas a posse não podia parar por causa dessa pequena tragédia. Rapidamente, minha mãe arrumou linha e agulha, e remendou o desastre da maneira que pôde.

Terminada a festa, restava resolver esse mico. Contar que o fraque estava arruinado implicava substituí-lo por outro. Que, por melhor que fosse, com as manias do doutor, certamente jamais se equipararia ao original. Eles corriam o risco de passsar o resto de suas vidas ouvindo uma arenga interminável sobre fraques, tecidos e alfaiates insubstituíveis. Depois de muito pensar, concordaram numa manobra arriscada. Se desse certo, poderia ser a solução: mandaram o fraque (ou o que sobrou dele) a uma habilidosa cerzideira japonesa. Devidamente restaurado, ele foi devolvido ao dono com um presente e muitos agradecimentos.

Foi um trabalho tão bem feito que até hoje ele não percebeu.

A essa altura, você deve estar pensando:

"Que horror, como é que eles tiveram coragem de esconder uma coisa dessas de um amigo durante tanto tempo? Teria sido tão mais fácil contar a verdade, é sempre o melhor caminho..."

Se você acha isso é porque realmente não conhece o dr. Ritto e seus discursos sobre a verdadeira elegância.

Você também deve estar pensando:

"Mas que tremenda indiscrição revelar um segredo guardado durante tantos anos!"

Realmente uma indiscrição. Mas eu não resisti, ainda mais sabendo que hoje o dr. Ritto clinica em Londres, bem longe do alcance deste livro (espero) e perto de suas insubstituíveis casimiras inglesas.

O Gasseur

HIPOCONDRÍACO

* Discorre sobre os efeitos colaterais de todos os remédios (principalmente os que você está tomando).

* Conhece sempre (e nunca deixa de recomendar) um excelente terapeuta.

* Aconselha que você faça sem demora um exame "naquela" pinta (pode ser cancerígena).

* Conhece e declama de cor o nível de colesterol de cada alimento.

* Cozinha sem sal só para garantir.

* Avisa sempre que o cigarro dá câncer.

* Questiona a eficácia de TODOS os tratamentos médicos.

* Exibe com orgulho as cicatrizes da última operação.

* Avisa sempre que o sol pode dar câncer.

DA BOCA
PARA FORA

"ESCARGOTS"

Alfredo e Emília falavam sempre em apresentar Tata a Edinho, insistindo que a moça era uma jóia. Um dia deu certo. Marcaram um jantar no Le Coq Hardy, famoso pela sua ótima cozinha e discreto o suficiente para que a conversa engrenasse sem muita interferência.

No carro, o casal fazia tudo para mostrar as qualidades de Tata. Louvavam seu bom gosto na decoração, sua paciência com os sobrinhos, seus dotes culinários e sua competência no trabalho, tão jovem e já tão bem-sucedida!

Tata, por sua vez, desempenhava direitinho seu papel: modestamente embaraçada, levantava as sobrancelhas, fazendo um ar de tranqüila sabedoria a todos os comentários de Edinho.

Chegando ao restaurante, cardápio nas mãos, começa o clássico dilema:

— O que será que eu estou com vontade de comer hoje?

— Acho que vou pedir uma massa...

Edinho, muito gentil, vendo que Tata estudava atentamente o cardápio, tenta ajudar:

— E aí? O que é que te parece mais gostoso?

E ela, fazendo dengo:

— Não sei. Estou pensando ainda...

E ele, solícito:

– Que tal *escargot* para começar?

Pausa. Dúvida. Ela não vai dar bandeira e perguntar o que é. Finalmente encontra uma saída:

– Não, *escargot* não. Na verdade eu não como nenhum fruto do mar...

Alfredo e Emília se entreolham, consternados. Tanto esforço enaltecendo a moça, e ela põe tudo a perder com uma bobagem dessas. É o cúmulo!

Mas Edinho tem senso de humor. Recuperado do espanto, finge estudar mais uma vez o cardápio, e rebate:

– Não se preocupe, aqui eles também servem *escargots* de água doce...

O Cu do Encanador

Se dependesse de algumas pessoas, todos os cursos de língua estrangeira simplesmente não existiriam. Sim, porque essas pessoas acham que aldeia global é assim: você vai misturando a sonoridade de alguns idiomas a uma mímica do que elas *supõem* seja o temperamento dos povos de determinadas culturas e pronto! É perfeitamente possível entender e se fazer entender em qualquer lugar do planeta. Estudar para quê? Perda de tempo! Mais fácil ir assim meio de orelhada.

Minha tia Carmela sempre contava, dando muita risada, o que lhe aconteceu, recém-chegada ao Brasil, no chá em que reuniu pela primeira vez as novas amigas.

Logo depois da guerra, cansada das dificuldades da Itália devastada, "zia" Carmela se mudou de mala e cuia para cá. Em São Paulo, em pouco tempo havia feito muitas amizades, pois, apesar de falar mal o português, acabava sempre dando um jeito de se fazer entender em italiano.

Ela usava e abusava daquela inconfundível mímica com as mãos, sem a qual, provavelmente, todos os italianos se veriam condenados a um eterno e melancólico mutismo.

Finalmente, depois de algum tempo, Carmela resolve que já é hora de retribuir o afeto e a acolhida que vem recebendo. Assim, apesar da casa ainda estar em reforma (naquele mesmo dia o encanador estaria colocando as torneiras em seu banheiro), convida um grupo de amigas para o chá.

Eram todas senhoras muito compostas, e o chá transcorria tranqüilamente, quando Carmela é chamada pela copeira para verificar se o serviço do encanador estava feito a contento.

Ela sai e volta em alguns minutos arrastando um constrangido encanador, falando com seu sotaque carregadíssimo e gesticulando em direção a Cleonice, a copeira:

– *Má come o senhor me faz uma coisa dessa, seu Giúzé? Eu falei tanto pra o senhor me botá o cu na água quente e o senhor vai lá e me coloca o cu na água fria?*

Silêncio estupefato, apenas interrompido por um engasgo ocasional com os sequilhos.

Tia Carmela nem percebe, pois está indignada, e volta sua ira para Cleonice:

– *E você, Cleo, aonde estava? Custava ir lá dentro ver se o seu Giúzé estava colocando mesmo o cu na água quente em vez de na fria? Agora ele vai ter que fazer tudo da capo! Io no entendo come as pessoas no percebem que a letra fu vai na torneira fria e a cu vai na torneira quente! Madonna, mas será que é cosi difícil?*

Vinte suspiros de alívio foram ouvidos por toda a sala. Por um momento aquelas senhoras tão distintas pensaram todas que estavam acolhendo em seu seio uma italiana tresloucada com tara por encanadores.

Mas era apenas um mal-entendido. Acalmados Carmela e o encanador (que ouvia tudo mudo, de olhos esbugalhados), elas se apressaram a explicar que as letras do alfabeto aqui eram pronunciadas de uma forma diferente: era bê, cê, dê, efe, e assim por diante, inclusive o quê, de quente.

PECADOS DA LÍNGUA

Tem gente que adora fazer brincadeiras imitando sotaques, satirizando este ou aquele jeito de falar errado de fulaninho e, pior, usando diminutivos ridículos. Principalmente em família. Você certamente já reparou que aqueles apelidos carinhosos (sobretudo entre casais), quando se tornam públicos, fazem a gente desejar ter nascido muda, tamanha a vergonha. Pois minha amiga Odete tem mania de falar imitando fanho.

Claro que não é politicamente correto. Mas é de morrer de rir.

Para completar, o pai de Odete incentivava a brincadeira desde quando ela era criança, respondendo também em fanho. Na casa dela era assim: – *Ôinn, Clâunndia. Fûdo beinnn? Êun ja fou chammar â Ôndet.*

A brincadeira continuou até o dia em que chegou um jardineiro novo na casa. Que era fanho de verdade.

Odete chegou apressada e, sem prestar muita atenção, passou pelo novo jardineiro que, muito educadamente, a cumprimentou.

– *Fôn dia, Fenhora.*

– *Fôn dia, fômo fai o senhor?*

Resultado: durante o tempo em que ele trabalhou na casa de Odete (só deixou a família porque teve uma proposta fora da cidade), ela se viu na obrigação de conversar sempre imitando fanho, para que ele não percebesse a brincadeira do primeiro dia.

Jairo, o jardineiro, foi embora achando tudo uma grande coincidência. Imagina, ter uma patroa *"que fâla ifalzinho ele".*

Na Casa do

* Os móveis estão permanentemente protegidos por capas plásticas ou lençóis.

* Os vasos de plantas estão cheios de bitucas espetadas.

* Todos os produtos de supermercado insistem em continuar com as etiquetas de preço.

* A pasta de dente está sempre apertada ao meio, sem tampa e com a ponta endurecida.

* Os bombons sempre têm marcas de mordidinhas, porque ele experimentou todos, até encontrar o seu preferido.

* Há uma coleção de toalhas de hotel, cinzeiros de restaurantes, copos de companhias aéreas e outros souvenirs roubados em viagem.

* Não se aceita chamada a cobrar e pronto!

* Gaffeur que se preza aperta automaticamente o botão do alarme, no elevador só para conferir se funciona. ("vai que um dia eu precise usar!!").

* Os potes de geléia são guardados melados.

DO DIA-A-DIA

SUAVE PRESSÃO

Formada há pouco tempo em jornalismo, no começo da década de 80, uma das minhas metas (como a de tantos colegas) era trabalhar num grande jornal. Apesar de uma relativa bagagem profissional, e trabalhando em televisão há algum tempo, eu havia metido na cabeça que não poderia ser considerada uma jornalista "séria" se não passasse por essa experiência.

Não é que a oportunidade surgiu muito antes do que eu poderia imaginar? Foi assim:

Eu vivia experimentando novas receitas culinárias e convidava os amigos para prová-las em meu minúsculo apartamento de solteira. Conforto não era o ponto forte, mas quando as receitas davam certo era uma farra.

Numa dessas ocasiões, meu amigo Haroldo telefona, perguntando se podia levar um amigo.

– Claro que pode, não precisava nem perguntar.

– Você deve saber quem é. É o Otávio Frias, nós nos conhecemos há muito tempo. Estudamos juntos desde o ginásio. Atualmente ele assumiu a direção de redação da *Folha de S. Paulo* e está implantando um novo projeto editorial...

Desligo, encantada. Uau! Eu já havia ouvido falar das mudanças no jornal por intermédio de minha amiga Barbara Gancia, recémadmitida na *Folha*, e babava de inveja quando via o entusiasmo com o qual ela acompanhava tudo.

Mas imediatamente fico apreensiva: agora o jantar tem que sair impecável. É natural que a gente não fique completamente à vontade com uma pessoa que nunca viu na vida. E não era apenas isso: apesar de brilhante e inovador no que dizia respeito a trabalho, Otávio tinha fama de ser uma pessoa discreta e reservada. Fiquei imaginando se esse temperamento iria combinar com as reuniões barulhentas e improvisadas que eram esses jantares.

Resignada, penso que seria de extremo mau gosto falar sobre qualquer assunto profissional logo de cara. Não faz mal. Pelo menos eu poderia, se não mostrar que era boa jornalista, provar que era uma cozinheira esforçada.

É o que trato de fazer. Quando Haroldo e Otávio chegam, as outras pessoas já estão lá, inclusive Barbara, que se encarrega da conversa enquanto eu lido na cozinha.

Durante a noite percebo que ele realmente é uma pessoa reservada: a expressão muito atenta, fala pouco e seus comentários, embora raros, são sempre pertinentes.

Suspiro conformada, pensando que hoje eu estava lá para receber as pessoas e não para divagar sobre técnicas de sucesso empresarial na imprensa! Assim, preparo com capricho dobrado o último ato da noite: a bandeja de café. Aliás, aquela era uma ótima oportunidade para exibir o *design* da minha nova cafeteira italiana com sistema de filtro de pressão, que permitia a gente fazer o café na frente de todos.

Ajeito orgulhosamente bandeja com cafeteira e xícaras sobre a mesa. Barbara interrompe o que estava falando para comentar (como eu havia imaginado) sobre o *design* italiano.

— E não é só bonita — explico, orgulhosa. — É superprática também, olha só: o café já está no fundo, basta acrescentar água fervendo, mexer e abaixar lentamente o filtro. Veja.

Começo a baixar o filtro fazendo uma "suave pressão", como manda o manual, com meu melhor olhar de paisagem, como se toda a operação fosse muito simples. Quando o filtro já está quase chegando ao fundo, o cristal da cafeteira não resiste à minha "suave pressão" e... triclincraque!!!... se espatifa, espalhando café fervendo por toda a sala.

Na hora do susto, só tenho tempo de perceber que graças a Deus não espirrou café nas cadeiras, nem nos estofados. As cortinas também foram salvas, e nas paredes apenas algumas gotas fáceis de limpar. A maior parte do café, o grosso mesmo, havia sido derramada – não quero acreditar – sobre Otávio!

Ele está totalmente ensopado (e provavelmente queimado). Nada escapou: gravata, colarinho, camisa, calça e paletó do terno e – suprema inconveniência – meias e sapatos!

No que só pode ser um reflexo de anos de treino de boa educação, ouço-o murmurar:

– Não foi nada...

Saio do meu estupor. Desesperada para fazer qualquer coisa, arrasto Otávio até a cozinha, tentando remediar o estrago.

– Não foi nada, já disse, isso seca.

– Não se preocupe que eu seco para você. Não se mexa, eu vou limpar tudo. É melhor embeber um pouco este pano na água para tirar as manchas.

Eu falava e encharcava um pano de prato, esfregando-o sem a menor cerimônia por toda a superfície manchada. Barbara, que tinha vindo atrás, jura até hoje que o tal pano de prato estava engordurado de molho de tomate e só piorou a situação.

Otávio, com uma fleuma invejável, tentava se livrar da minha inconveniente solicitude, que ia terminar por arruinar-lhe de vez não apenas a noite, mas também o terno.

Finalmente, depois de considerar seriamente a hipótese de cortar os pulsos com os cacos espalhados, sosseguei. Recolhi os restos da cafeteira e preparei um novo café na nossa boa e confiável Melitta.

O Jeito Mineiro de Ser

Ele era um jovem decorador de muito talento. Mineiro (fazia parte do seu *marketing* enfatizar essa característica), estava em São Paulo há alguns anos construindo um bom nome na praça.

Bom o suficiente para que já fosse conhecido e reconhecido entre seus clientes ricos, porém não tanto que o dispensasse de, vez por outra, organizar jantares em sua casa, minuciosamente elaborados, para manter o trânsito entre essas pessoas que, de uma certa forma, não deixavam de ser seus patrocinadores.

Nessas ocasiões, escolhia sempre um grupo pequeno, espirituoso e, é claro, sensível e muito influente. Naquela noite o tema era comida mineira. Mas não a comida mineira substanciosa a que estamos acostumados, e sim as receitas mais sofisticadas, aquelas cujos segredos são passados de mãe para filha há muitas gerações.

O efeito foi o esperado: todos estavam impressionadíssimos com o talento do rapaz não apenas para a decoração, como também para todos aqueles infinitos detalhes gastronômicos que tornam uma refeição um evento inesquecível. Na sobremesa, ninguém se conteve diante da profusão de compoteiras de cristal e da imensa variedade de doces caseiros, coloridos e brilhantes.

– É minha tia Ritinha, de Uberaba, quem faz – explica nosso anfitrião. – Todos os meses ela me manda um pouco para eu matar a saudade. Experimentem e me digam: não é verdade que não dá nem para comparar a delicadeza do sabor?

Os convidados suspiram e gemem. Realmente é incomparável; nada como a boa comidinha caseira, feita com amor e paciência. Pena que nós aqui, nesta loucura de cidade grande que nos engole, já não tenhamos mais tempo de desfrutar esses prazeres...

– Ah, mas sem esses prazeres, o que seria da vida? – filosofa nosso amigo. – Eu sem esses mimos passo até mal. Aliás, não sei o que vai ser quando tia Ritinha morrer, pois ela está tão velhinha... Não sei por quanto tempo agüenta essa trabalheira toda. Porque vocês sabem que para dar esse ponto de calda não é fácil: são necessárias horas e horas com a barriga encostada no tacho, mexendo... e de preferência tacho de cobre. Pensando bem, acho que vocês estão saboreando uma das últimas remessas de tia Ritinha, pois em sua última carta ela contou que andava meio adoentada. Gente velha, sabe como é, quando começa a encrencar...

E assim foi até o fim do café. Ao ser servido o licor, as pessoas estavam com aquela vaga sensação de inferioridade, de terem vivido até então sem alguma coisa muito importante na vida. Ao mesmo tempo, sentiam que deviam agradecer aos céus por terem acesso a pelo menos uma nesga daquele mundo encantado perdido entre os vapores do tacho de tia Ritinha.

Às tantas, sobraram apenas Mauro e Beatriz (ele, colecionador de quadros, ela, amante de antiguidades). Ao se despedirem, são avisados pelo copeiro que deviam descer pelo elevador de serviço, pois o social estava com problemas. Assim que abrem a porta da cozinha, antes que o sobrinho de tia Ritinha tivesse tempo de esboçar qualquer reação, dão de cara com três pilhas de latas de conserva da Cica, ordenadamente alinhadas ao lado do elevador, esperando o serviço de limpeza.

Beatriz, de língua afiada, não se conteve:

– Puxa, querido, nem se preocupe com a doença de sua tia. Se você quiser, posso te indicar vários supermercados que também vendem "Tia Ritinha".

OUTRA DA LÂMIA

Não era propriamente um jantar a rigor, e sim um encontro de amigos para a despedida de um conterrâneo que voltaria ao Líbano. Lâmia e os companheiros já haviam dado boas risadas, e o clima era de descontração total. As reuniões da festiva colônia libanesa são sempre assim: muito riso, muita cor nos figurinos e, principalmente, muita comida.

Vivia-se o começo da década de 70: revolução nos costumes, e roupas extravagantes em tons berrantes. Como era moda na época, Lâmia usava maquiagem muito carregada, com direito a batom cintilante, *pancake*, delineador gatinho e rímel azul-marinho. Tudo, é claro, coroado por um magnífico par de longos cílios postiços com as pontas simetricamente aparadas.

Mas, voltemos ao jantar. No momento em que era servido o *consommé*, alguém acabara de contar um caso engraçadíssimo sobre uma matrona da colônia muito conhecida por todos. Lâmia chega a chorar de rir, pois a senhora em questão é dessas figuras folclóricas, que acabam virando lenda.

E em meio a uma gargalhada... – pluft! ela sente um dos cílios postiços descolar e observa, impotente, enquanto ele pousa no caldo à sua frente.

Lâmia percebe que ninguém viu, e rápida imagina uma estratégia: primeiro teria de pescar o indiscreto acessório da cumbuquinha, depois daria um jeito de tirá-lo de circulação. Mas era tarde. Aziz, a seu lado na mesa, exclama com sua voz tonitroante:

— Lâmia, que susto! Pensei que era uma taturana, mas ainda bem que é só o seu cílio postiço que caiu no *consommé*...

Lâmia precisou lançar mão de todo o seu natural desembaraço para enfrentar o resto da refeição com uma pestana longa e a outra não. Para não falar da cara do copeiro quando ela lhe apresentou no pratinho de pão aquela espécie de franja de Barbie engordurada, pedindo-lhe que, por favor, lhe trouxesse outro prato.

Dessa gafe Lâmia está isenta, afinal de contas acidentes acontecem. Aziz só foi perdoado recentemente. Foi ele quem me contou essa história, e, segundo seu relato, ela nunca perdeu a oportunidade de alfinetá-lo por sua indiscrição.

DOMENICO BONNADIO

Saiu na sessão de anúncios fúnebres: "Domenico Bonnadio deixa viúva, três filhos, etc.". Para quem não sabe, Domenico Bonnadio era oficial sapateiro. Daqueles sapateiros de bairro, que não existem mais. Você chegava com um sapato acabado e, em um ou dois dias, ganhava um par novinho.

"Só a vida não aceita meia-sola", dizia Domenico.

E a dele não aceitou mesmo: apesar de um problema pulmonar crônico adquirido pelos anos lidando com cola, morreu de enfarte fulminante. Entre suas muitas clientes desconsoladas estavam Rosa e Eugênia Frisoni.

Para que você possa ter uma idéia do que o "seu" Domenico representava na vida dessas irmãs é necessário conhecê-las: Rosa e Eugênia são duas das pessoas mais criativas que conheço. Transformam qualquer gesto automático do cotidiano em obra de arte. Tudo lhes dá um prazer enorme, principalmente aquilo que é manufaturado, "feito com a energia das pessoas", como elas mesmas dizem.

Domenico Bonnadio era um desses privilegiados que transferia com generosidade sem igual a sua energia para os sapatos.

E já que "a vida não aceita meia-sola", decidiram que o melhor a fazer era mandar um belo cartão para a família. Mas não um cartão qualquer, desses que a gente compra em papelaria. Um cartão feito à mão, bem ao estilo do finado artífice. De preferência, usando técnicas de origami e xilogravura, porque ninguém mais do que "seu" Domenico merecia a homenagem.

Dias depois toca o telefone. Rosa quase desmaia de susto: a voz rouca e italianada do outro lado é inconfundível:

– *Signora*, eu queria agradecer o telegrama. É tão bonito! Deve ter dado um *trabalhon*. Infelizmente não fui *io* que morreu. Foi um primo bancário.

Domenico Bonnadio se desculpava por não merecer tão singela homenagem. E como um puro de alma, um verdadeiro poeta, ainda acrescentou meio sem jeito:

– Espero que vocês não se incomodem, mas achei tão bonito o trabalho, que não entreguei para a viúva. Vou guardar de lembrança, fiquei *veramente* muito emocionado...

AS MÃOS DE MAURÍLIO

Maurílio é extremamente atencioso. Todos os anos lembra o dia do nosso aniversário, chega pontualmente a seus compromissos, sabe sempre o nome de todos numa reunião, quando viaja manda cartões-postais para os amigos, e, finalmente, suprema delicadeza, quando volta faz questão de presentear seus amigos mais queridos com alguma lembrança carinhosa.

Mas até mesmo pessoas corretas como Maurílio caem em ciladas infames.

Ao final de um jantar pantagruélico, Maurílio se encontra ao redor da mesa saboreando um delicioso licor ao lado de Anna, a dona da casa, e mais dois casais. O clima é de relaxamento total, e todos já estão naquela fase da noite de jogar conversa fora.

– Que lindas estas taças de licor – comenta uma das moças.

– São tão antigas! – anima-se Anna. – Mas não é por isso que eu gosto tanto delas. Imaginem que elas foram trazidas de navio da

Alemanha por minha bisavó. E estas seis taças foram a única coisa que ela fez questão de trazer com ela, além das roupas, claro. Estão na família há gerações, e não me canso de admirar esse trabalho. Hoje é impossível encontrar qualquer coisa sequer parecida...

Maurílio concorda, levantando a taça contra a luz para apreciá-la melhor. Quando pousa o cristal sobre a mesa, embora o tenha feito com cuidado, por algum desses mistérios dos objetos inanimados, o pé da taça se parte em *muitos* caquinhos, como se tivesse sido pulverizado na mão de Maurílio.

Choque total! Ele se desespera:

– Mas Anna, você viu, eu não fiz nada, não foi minha culpa...

Anna, lívida, tenta parecer gentil e natural:

– Ora, Maurílio, não vou dizer que não foi nada, mas realmente elas são muito frágeis, precisam ser manuseadas com carinho.

E ele, quase às lágrimas (afinal sua natureza delicada pode muito bem imaginar o quanto Anna pode estar sofrendo pelas tacinhas da bisavó):

– Gente, eu juro que peguei com carinho! Eu tenho uma coleção de *biscuits*, como é que não vou saber que essas coisas têm valor afetivo! Eu apenas pousei a taça na mesa. Assim, vejam:

Acompanha suas palavras com o gesto, pegando para a demonstração a taça da própria Anna, ainda paralisada de desgosto.

Todos observam suas mãos e não podem acreditar quando Maurílio, desta vez nervoso com a situação, faz um gesto mais brusco e espatifa a *segunda* tacinha...

Sem Saída

Maurílio foi duplamente vítima em sua tentativa de consertar uma gafe. Até hoje ele fica conjeturando como teria sido se não tivesse inventado de mostrar como havia segurado a taça da "bisa"...

No entanto, em algumas situações não há emenda que salve.

Outro dia, estava eu assistindo tranqüilamente aos capítulos finais de minha novela preferida, quando toca o telefone, e atendo na maior má vontade.

– Claudia, você nem imagina o que me aconteceu!

Fábio Arruda, meu amigo, está tão afobado do outro lado da linha, que fico imaginando o que poderia ter sido para que ele interrompesse minha sagrada novela.

— A única coisa que me ocorreu quando aconteceu foi ligar imediatamente para você. Lembrei do seu livro, e estou me consolando com o pensamento que pelo menos contribuí com mais uma para sua coleção de gafes...

— Pare de fazer suspense! Conte logo! (Eu já estava com o bloco na mão.)

— Foi assim: hoje minha mãe ligou pedindo para ir buscá-la na casa de uma amiga. Como ela raramente pede algum favor, fui na maior boa vontade. Mas meu bom humor durou pouco quando vi que não conhecia a rua: Dona Romilda Margarida Gabriel. Custei a encontrar no guia, mas fiquei mais animado quando vi que, apesar do nome esdrúxulo, nem era tão longe assim. Mas é claro que nada é tão simples. Já no carro peguei o maior congestionamento e quando, finalmente, encontrei a rua, já estava superatrasado. Ainda por cima, a rua não dava mão. Dei a maior volta e, quando cheguei à casa da amiga da minha mãe, já entrei de cara feia, malcriado mesmo...

— Credo, Fábio, também não era pra tanto...

— Não era pra tanto porque não foi você que perdeu a sessão especial da Cinemateca que eu fiquei esperando a semana inteira para assistir!

— Sei, e daí?

— Daí, minha filha, que eu não estava nem um pouco no clima de tomar mais um cafezinho com ar de bom filho. Não agüentei e tive de falar: "Eu nunca tinha ouvido falar nesta rua. Aliás, isso lá é nome de rua? Romilda Margarida Gabriel? Não pode ser pior! Aliás, isso lá é nome de gente? Romilda Margarida, francamente! Margarida ainda é bonitinho, mas Romilda realmente é uó! Precisa odiar uma filha pra chamar a pobre de Romilda! Melhor até Romisetta, pelo menos é mais simpático!" Aí eu ouço a vozinha da dona da casa: "É... o meu nome é só Romilda...".

As Mandíbulas do Barão

Até mesmo a nobreza comete seus deslizes. E, quando isso acontece, parece que a gafe assume proporções muito maiores, pois ela vem de quem menos se espera: dos inventores da etiqueta. Quer ver só?

Eu devia ter 10 anos de idade, e havia acabado de mudar de casa com minha família. Um dos nossos novos vizinhos usava o imponente título de barão. Até o nome daquele simpático senhor impunha respeito: barão Von Klein.

Minha mãe, encantada com o ilustre vizinho (ela sempre teve um fraco pela Europa em geral), achou boa a idéia de aproximar Camilla, minha irmã, de Marina, a filha do barão.

Assim, um dia, ela anuncia que o barão Von Klein iria jantar em nossa casa com a filha.

Para garantir que agíssemos à altura dos nobres convidados, foi uma semana de catequização. "Não pegue no garfo assim", "os europeus são muito mais despojados em algumas coisas, mas prestam muita atenção a determinados detalhes"... e seguia-se uma enorme ladainha de recomendações, para não chocar o espírito germânico do barão.

Quando chega o grande dia, lá está ele em carne, ossos e monóculo. Antes do jantar, nos aperitivos, meus pais engatam logo uma conversa animada com o barão, e minha irmã parece estar se dando muito bem com sua filha.

A copeira passa com pistaches, que eu simplesmente a-do-ro, mas, depois da sabatina de boas maneiras a que havíamos sido todos submetidos, segurei minha vontade de atacar a cumbuquinha, para que nosso convidado pudesse se servir à vontade. Assim, tentei me concentrar na conversa da baronesinha.

Mas não pude deixar de ouvir o barulho de alguma coisa sendo triturada. Sabe aquele barulho alto de alguma coisa muito dura sendo quebrada em caquinhos? Era exatamente esse.

Não demorou muito para descobrir o que era aquele creque-creque arrepiante: o barão Von Klein estava comendo os pistaches *com casca!*

E agora? Nós havíamos sido ensinados que, quando um convidado comete algum deslize, é dever do anfitrião acompanhá-lo, para que ele não se sinta constrangido. O que, na prática, significava que *alguém* teria de comer pistaches com casca.

Olhei para minha mãe, que olhou para meu pai, que olhou para minha irmã, que olhava para mim, segurando heroicamente a vontade de rir.

E agora? O barão comia aqueles punhados de pistache com casca de maneira impecável, tão composto, que eu cheguei a jurar que pistache com casca era algum prato típico da Alemanha.

O fato é que ninguém disse uma única palavra. Tratamos de segurar a vontade de rir, mas é claro que ninguém se atreveu a imitar o gesto pitoresco do nosso convidado.

Afinal, nenhum de nós tinha mandíbulas tão poderosas como as do barão.

VERSÃO BRASILEIRA

"Versão Brasileira Herbert Richers..."

A frase, na voz bem modulada do locutor, vinha sempre acompanhada de um vibrante intróito musical e de um enorme prazer pelo que estava por acontecer na tela.

Desenhos ou filmes, a maior parte do material de cinema e televisão que o Brasil importava nas décadas de 50 e 60 adquiria a sua "versão brasileira" nos estúdios de Herbert Richers. Grandes atores como Ankito, Dercy Gonçalves, Grande Otelo e Golias, para falar de apenas alguns, tiveram suas carreiras impulsionadas por essa produtora, que chegou a produzir mais de setenta filmes longa-metragem.

Hoje os estúdios continuam muitíssimo bem, obrigado, e Herbert Richers Filho é um profissional criativo e bem-sucedido no campo em que o pai foi pioneiro. Você pode até achar que é fácil abrir caminho onde já existe uma trilha e coisa e tal. Mas a verdade é que nem sempre foi assim na vida de Herbert Filho, e ele aprendeu desde muito menino que nem tudo o que reluz é ouro, não mesmo!

Aos 5 anos, ele perambulava pelos estúdios do pai com aquela desenvoltura própria dessa idade em que as crianças parecem miniaturas de adultos. Os cabos pelo chão, as luzes, o estalido das claquetes, as vozes gritando "corta" e o movimento de cenários e gruas faziam parte de um universo muito familiar ao menino.

De repente, Herbert sente vontade de fazer xixi. Acostumado a não interromper filmagens, não tem dúvidas: sai por sua conta à procura de um banheiro. Em meio àquela atividade tão intensa, é difícil achar a porta certa, mas ele já é um homenzinho, não vai dar o braço a torcer tão facilmente. O pior é que agora não é mais só xixi. Quer fazer tudo a que tem direito.

Ufa, bem a tempo! Encantado, ele entra no banheiro azulejado e multicolorido, senta no vaso e aproveita para reparar como aquele banheiro era todo mais arrumadinho que o seu em casa: vasinho de flor sobre a pia, toalhinhas bordadas, sabonetinhos em forma de estrelinhas... Uau!

Volta à realidade quando escuta alguém falar lá fora que vão fazer um intervalo de uma hora. Muito compenetrado, abotoa as calças e se apressa, ao ouvir chamarem seu nome.

Depois do almoço, as filmagens são retomadas, e em pouco tempo o estúdio é envolvido pelo calor dos holofotes, agravado por um estranho mau cheiro. J. B. Tanko, o diretor do filme, não demora a descobrir o motivo: algum engraçadinho, querendo boicotar seu trabalho, se encarregara de acrescentar um detalhe "real-naturalista" ao banheiro cenográfico. E começa a gritar, espumando de ódio:

— Eu mato o filho da mãe que fez esta sujeira! Vocês são todos um bando de amadores! Quero ver quem tem coragem de me dizer quem foi o desgraçado! Se eu descubro, faço ele limpar tudo com a língua!

Herbert Jr., apavorado ante a perspectiva de passar a tarde lambendo cocô, puxa a barra da camisa do pai e pede baixinho, de olhos arregalados:

— Pai, me leva embora, fui eu que fiz cocô, mas foi sem querer, eu não sabia...

A singela explicação foi inútil. O menino escapou do castigo do diretor, mas não do safanão do pai, inconformado com o contratempo.

Ele conta que até hoje se surpreende batendo com o nó dos dedos em paredes e móveis, testando se são de verdade ou apenas parte de alguma cenografia.

CRIANÇA NÃO É DE FERRO

A insistência de certas mães para que seus preciosos rebentos não cometam gafes em público às vezes chega a ser patética. Pessoalmente acho que crianças, de uma maneira geral, estão acima do bem e do mal no que diz respeito a gafes. Não que, em nome do "é só uma criança", seja permitido qualquer ato de falta de educação. Porém, daí a querer que uma criança domine desde cedo as sutilezas do que é ou não "apropriado", de acordo com a ocasião, é realmente uma judiação.

Veja o que aconteceu com a pobre Tininha, filha espoleta e caçula de Dora, mãe de três meninas que pareciam saídas de um quadro de Renoir, tal a sua compostura. As filhas conheciam bem o poder dos gritos da mãe, e freqüentemente sentiam sobre si seus olhares ferozes, quando não era possível gritar, para corrigir algum deslize.

Tininha, por ser caçula, e muito paparicada, era a mais rebelde. Menorzinha, sua constante falta de apetite fazia com que todos se preocupassem em estar sempre lhe agradando, oferecendo alguma guloseima irresistível que melhorasse sua aparência etérea. A mãe vivia insistindo:

– Se você não comer vai acabar doente.

A avó chantageava:

– Se hoje você comer direitinho, vou te comprar um presente.

As irmãs se solidarizavam e ofereciam repartir seus lanches na escola, mas nada parecia tentar a menina.

A não ser uns pãezinhos de minuto, que eram a combinação de uma receita da avó mineira com a de uma amiga inglesa de Dora, que fazia *scones* que derretiam na boca.

Estes, ela comia às dúzias. Sentava-se em frente à TV com a cesta cheia dos seus pãezinhos preferidos ainda fumegando, e nada, nadinha mesmo, era capaz de distraí-la dali. Pena que os "pães da Tininha", como eram chamados, só eram feitos mesmo em dia de visita e, de preferência, para ver Deus.

Mas aquele era um dia de ver Deus. Tininha nem podia acreditar em sua sorte. Estava com as irmãs Duda e Carlota brincando no quarto, quando entra a mãe:

– Meninas, se arrumem um pouco, lavem as mãos e desçam para cumprimentar dona Alice Maria.

– Quem é dona Alice Maria? – perguntam elas em uníssono.

– É uma amiga muito querida da vovó. Ela morava na Europa e agora voltou para o Brasil. Tratem de se comportar, pois ela é mais velha, não está muito acostumada com a nossa sem-cerimônia. E, *por favor*, lembrem-se de deixá-la se servir antes. Não vão atacar os bolinhos do chá como umas esfomeadas.

– Tem os meus pãezinhos? – pergunta Tininha, antecipando o prazer.

– Tem sim, mocinha. Mas, veja lá: eu vou ficar de olho, não quero saber de ninguém comendo mais do que dois de cada um dos bolos ou pães. Nem precisam ficar até o fim do chá; na hora que eu fizer sinal, vocês podem ir.

– Mas mãe! *Dois?* Dois é muito pouco, não dá nem pra achar graça!

– Eu disse dois, e é dois, Tininha. Não discuta comigo. E não adianta querer me enrolar, porque eu vou ficar controlando.

Amuada, Tininha desce fazendo beiço. Não entende esse tipo de coisa. Vivem querendo entuchá-la com tudo quanto é gororoba, e no dia que fazem seus pãezinhos preferidos limitam o seu consumo a duas ridículas unidades.

Tudo por causa de alguma dona que morou na Europa por muito tempo. O que é que uma coisa tem a ver com outra? Por acaso na Europa é pecado comer pãezinhos? Vivem insistindo para ela comer e agora isso de "não pode mais que dois"! Assim não dá! Decididamente, a vida é muito complicada para uma caçula de 7 anos de idade.

Porém, mesmo achando tudo uma maluquice, ela obedece; afinal de contas, dois é melhor do que nenhum. Cumprimenta dona Alice Maria com o seu melhor olhar de anjinho, e fica olhando com o olho mais comprido do mundo seus pãezinhos serem passados de mão em mão, fumegantes e cheirosos.

Com um misto de masoquismo e malícia, resolve esperar para se servir por último; assim, além de agradar à mãe, prolongaria o prazer da expectativa.

A mãe, como havia prometido, estava firme, de olho nas três, franzindo as sobrancelhas, fazendo gestos para que elas se segurassem. Dona Alice Maria, muito gentil e suave, bem que parecia estar gostando da tarde tão agradável.

Quando a expectativa transforma-se em agonia, Tininha capitula e agarra um pãozinho, abocanhando-o com sofreguidão, quando alguém passa a cesta. Delícia das delícias! Como sempre, eles derretem na boca! A menina fecha os olhos para aproveitar o momento. Pena que passa tão rápido. Em menos de um minuto, metade da sua cota já se foi!

A cestinha passa várias vezes de novo e ela percebe, aflita, que o nível de pãezinhos baixou perigosamente. Melhor comer logo o outro antes que acabe. Mais uma vez pesca um pãozinho assim que pode, não sem antes olhar para a mãe para ver se estava tudo bem. Em desespero, nota que sobram apenas quatro pães na cesta. Assim não vai dar; é capaz de não sobrar nada *mesmo!* Sabe lá quando é que vão fazer outra vez mais pãezinhos? Só (quem sabe?) quando ela ficar doente...

Desconsolada, Tininha se anima quando vê que o chá está chegando ao fim. As xícaras estão vazias, todos já se recostam satisfeitos na cadeira. Olha para a mãe pensando que, assim que se levantarem, ela vai pegar os míseros pãezinhos que restaram e correr para o quarto.

Não pode acreditar quando vê a mãe estender ainda uma vez a cesta:

– Não quer mais um *scone*, dona Alice Maria, estão uma delícia!

Aliviada, ouve dona Alice responder:

– Muito obrigada, Dora, realmente estavam ótimos, mas já estou satisfeita.

Sua alegria dura pouco:

– Mas só mais um, veja, sobraram só estes, vamos dividir o que sobrou.

Tininha arregala os olhos agora em franca agonia, e mais uma vez suspira de alívio ao ouvir:

– Não, realmente acho que vou parar por aqui, obrigada, Dora.

E a mãe, mais uma vez:

– Olha que você não vai ter oportunidade de provar outros tão gostosos, esta receita é exclusiva. Só mais um, não faça cerimônia...

Assim também já é demais! A boca aguando ante a visão perfumada dos seus queridos pãezinhos, o acesso completamente restrito, e ainda ter de assistir a esse verdadeiro leilão do seu prato preferido, sem poder se manifestar!

Quase histérica de ansiedade, Tininha não se contém e interrompe:

– Credo mãe! Pára com isso. Não vê que ela já comeu mais de nove!?

Mais tarde, ao levar uma tremenda bronca da mãe, Tininha apenas *fingiu* que entendeu o que havia feito de errado. A seu ver, toda aquela história de "não mais do que dois" parecia mesmo coisa de gente maluca.

O QUE

Os Gaffeurs

SEMPRE PERGUNTAM

Quantos anos você tem?

Qual é mesmo o seu nome?

Tem certeza que você vai comer isso?

Alguém vai querer este último pedaço?

Esse é o seu pai?

Esse é o seu marido?

Você se lembra de mim?

Você foi convidado para aquela festa?

Onde você estava?

Você ainda está solteiro?

Você ainda está casado?

Se não servir, eles aceitam troca?

Quanto custou?

É VERDADEIRA OU É BIJUTERIA?

Você está grávida?

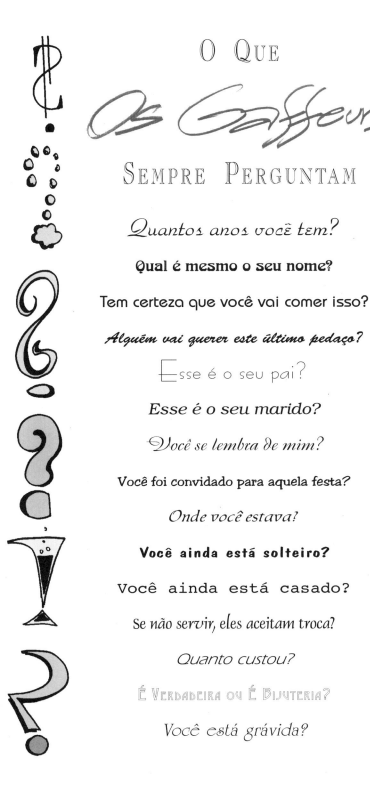

BARBARA

BARBARIDADES

– Desculpe, minha senhora, se eu soubesse que a senhora estava aí, eu não teria dito isso...

Barbara vive pedindo desculpas. É claro que uma vez perpetrada uma gafe monstruosa, pouco adianta pedir desculpas. Mas Barbara é extremamente zelosa a esse respeito, e sempre faz questão de pedir desculpas com toda a humildade. Talvez porque a quantidade de gafes que já cometeu supere de longe a de qualquer outro indivíduo de que tenhamos notícia.

Posso falar a esse respeito com conhecimento de causa, uma vez que conheço Barbara e convivo com ela literalmente desde o dia em que nascemos, com uma diferença de poucos meses, na mesma maternidade.

Não, ela não é minha irmã. Estou falando de Barbara Gancia, colunista da *Folha de S. Paulo*, e certamente uma das únicas gaffeuses populares e disputadas que conheço. É isso aí. Barbara é requisitadíssima por seu discurso vibrante e seu senso de humor insuperável. Mas é também uma tremenda trapalhona.

Ela sempre foi assim: fala sem pensar, se arrepende imediatamente, pede desculpas com o olhar mais compenetrado do mundo (os professores jamais resistiram a esse olhar) e torna a falar ou fazer alguma aberração inédita em menos de vinte segundos. Ela bem que tenta consertar. E é claro que só piora.

Uma vez, ainda garotas, estávamos numa fazenda com um grupo de amigos. À noite, em frente à lareira, uma das meninas começou a cantar tocando violão. Era uma garota desengonçada e nariguda. Entre uma música e outra, Barbara não se contém e diz:

— Puxa, mas sabe que você é *muito* parecida com a Barbra Streisand. (É preciso lembrar que, naquela época, ainda sem o *glamour* e a autoconfiança proporcionados pela fama e o dinheiro, Barbra Streisand não passava de uma nariguda muito feia que cantava muito bem.)

A moça em questão fez uma cara meio ofendida, e Barbara, percebendo, se apressou em acrescentar:

— Não, eu quis dizer só *parecida*, porque, é claro, você não canta como ela!...

Pronto! Nossa *crooner* murchou mais ainda, só faltava chorar.

E Barbara, notando a segunda pisada na bola:

— Me desculpe, se eu soubesse que você acha ela tão feia não teria dito isso. Além do mais, plástica de nariz hoje em dia é uma coisa tão simples...

Com ela é assim. Só amordaçando.

OUTRA DA QUERIDA BARBARELLA

Festinha de aniversário, e o namorado de Barbara toca contrabaixo na banda. A ela, já impaciente, só resta observar o movimento. Tentando parecer comportada (ela sempre tenta), fica sentadinha, sem falar com muita gente. Repara numa mulher mais velha que dá atenção aos garotos, falando com uma certa intimidade a alguns deles. Barbara nota que é uma mulher bonitona que parece muito popular entre os meninos.

"Também, ela fica passando a mão na cabeça deles, só falta se esfregar" – pensa, mal-humorada.

Quando uma garota senta a seu lado, não agüenta; afinal, sua língua estava prontinha para o ataque:

— Olha que descarada aquela perua: fica se oferecendo para todos os meninos! Será que ela não se enxerga? Nunca vi tamanha galinhagem, só falta sentar no colo deles! Eu, hein? Que horror...

— Ela é minha mãe... – responde a garota.

Gafe clássica e sem retorno.

CLARK, QUEM?

Até aqui, você, que não conhece Barbara pessoalmente, pode achar que ela é na verdade uma grande sonsa, ao ficar pedindo desculpas depois de falar tudo o que lhe vem à cabeça. Engano seu. Ela fica arrasada. Completamente aniquilada por dias, a ponto de ligar para os amigos várias vezes, contando o caso e perguntando se um dia ela vai ser capaz de voltar a encarar o mundo novamente.

Sim, porque como toda boa descendente de italianos, Barbarica é um feixe trepidante de reações passionais.

Mas quando não se entrega totalmente ao desespero por causa de algum incidente como esses, ela pode sair de uma situação delicada com sua famosa gargalhada. É uma risada sonora, retumbante mesmo, e absolutamente contagiante. Quem é brindado por sua gargalhada dificilmente deixa de perdoar suas barbaridades.

Foi o caso do ator Cristopher Reeve, que ficou famoso pela sua interpretação de Superman/ Clark Kent no cinema. Ele estava passando uma temporada no Brasil e tinha acabado de filmar *Superman*.

O filme ainda não havia chegado aos nossos cinemas e todo o processo de divulgação ainda não havia sido deflagrado para a América do Sul. Barbara, almoçando em casa de um amigo, senta-se à mesa ao lado desse americano atlético com ar de bom moço.

A conversa gira em torno de Brasil, quanto tempo ele iria ficar, etc. De repente, Barbara, que é uma leitora voraz de histórias em quadrinhos, pára. Olha fixo para ele e diz com a cara mais séria do mundo:

– Meu Deus, mas é impressionante! Que coisa mais incrível! Já te disseram alguma vez que você é a cara do Clark Kent?

Interpretando o olhar de espanto do moço como ignorância acerca do personagem, nossa amiga se apressa em explicar:

– Você sabe quem é o Clark Kent, não é? Da história do Superman. Quando não está fantasiado de Superman, ele fica tentando conquistar a Lois Lane. Mas é inacreditável como você é parecido com ele! *Você* deveria interpretar o Clark no cinema. Aliás, você nunca pensou em ser ator?

Ora, Reeve pode ter cara de bom moço, mas soube reconhecer muito bem uma ótima oportunidade para se divertir um pouco. Depois de dar toda a corda do mundo àquela moça tão solícita, fez questão de explicar que sim, que ele já havia pensado em ser ator, e, a propósito, acabara de rodar um filme que achava que ia dar o maior pé. Na verdade, ele estava muito satisfeito com a sua interpretação do personagem central. Que, aliás, se desdobrava em dois: por acaso, Clark Kent e Superman... Silêncio estupefato por uma fração de segundo. E logo o ar se enche da sonoridade inconfundível da gargalhada de Barbara. E em menos de cinco segundos Reeve era mais um dos seus fãs incondicionais.

TORCIDA DO CORINTHIANS

Barbara sempre esteve muito próxima a celebridades. Não apenas por ser jornalista, mas também por ter crescido numa família cosmopolita e pouco convencional. Mas essa proximidade, desde a infância, com astros e estrelas de diversas categorias do *beau monde*, em nada lhe afetou a capacidade de se emocionar diante de um ídolo ou de qualquer pessoa a quem ela admire muito.

Tanto é assim, que o seu primeiro encontro com o Rei Pelé por pouco não se transformou num tremendo mal-entendido.

Ela ficou tão emocionada ante a perspectiva de estar diante de ninguém menos que o rei, aquele por quem ela já havia torcido e se retorcido em frente à televisão durante incontáveis partidas de futebol, que, ao ser apresentada a ele, não hesitou em exclamar, apertando-lhe fervorosamente a mão:

— Você nem imagina o quanto eu admiro você! Por sua causa sou corintiana roxa!

Vendo o olhar de espanto de Pelé, nossa tiete prossegue tímida e trêmula:

— Acompanhei sua carreira desde o começo. Ainda menina, ficava enlouquecendo meu pai para assistir aos treinos do Corinthians em Santos...

Dessa vez, notando uma estranha incongruência na frase que acabara de proferir e achando estranho o silêncio constrangido de Pelé, Barbara interrompe o fluxo de reminiscências. Percebendo o absurdo da situação, não agüenta e explode em riso, contagiando com sua famosa gargalhada um aliviado Pelé, que acaba rindo junto.

CARNAVAL EM VENEZA

Certa vez, uma gafe de Barbara quase assumiu proporções de escândalo internacional. Nossa heroína passeava em Veneza na companhia de Paulo Montoro e Kelly White, seus amigos.

Os três apreciavam a movimentação febril da cidade em pleno Carnaval: as pessoas com suas fantasias elaboradas, e a música tocando uma variedade de ritmos, que oscilava do mais puro medieval ao último *hit* de *dance music*.

Embalados pelo mar, no *draguetto*, os três avistam um pouco adiante, recostada no parapeito, a soprano Aprile Millo.

Quem já viu Aprile em cena sabe que ela pode ser descrita em uma única palavra da linguagem popular: gostosona. Ela tem tudo no lugar certo, porém tudo em uma abundância impressionante. É claro que sempre há os mais críticos que, às vezes, afirmam que ela está um boi de gorda. Barbara, naquela tarde, estava propensa a concordar com os mais críticos.

Ainda mais quando observou que, como toda cantora de ópera que se preza, La Millo age como uma verdadeira diva. Ainda mais na Itália!

Pois aquele ar de superioridade envolto em tanta exuberância mexeu com os brios de minha amiga. Maliciosamente, ela comenta com Paulo em português:

– Se essa mulher soltar um pum num saco de confete aqui, vai ser Carnaval no Brasil o ano inteiro...

A diva havia acabado de voltar de uma temporada no Brasil e estava com seu português afiadíssimo. Entendeu palavra por palavra o comentário sem precisar de intérprete.

Você já assistiu a um ataque de fúria de soprano? Pois Barbara, que é até bem fortinha, escapou por pouco de ser atirada ao Grande Canal.

Paulo e Kelly a muito custo conseguiram resgatá-la de uma saraivada de xales, chapéus, luvas e sacolas que surgiram do nada, acompanhados de uma torrente de impropérios nada adequados para uma voz tão festejada. Aos quais ela respondia humildemente em português:

— Minha senhora, me desculpe, eu não sabia que a senhora entendia português, juro que não sabia...

O QUE

Os Gaffeurs

SEMPRE FALAM

Deus me livre: eu não vou comer ISSO!

Adoraria comer isso, mas engorda tanto!

SE NÃO TIVER DIET, EU NÃO QUERO NADA!

Sou seu fã desde criancinha!

Como você cresceu!

VOCÊ É FORTE, VAI SUPERAR!

EU E A FALECIDA ÉRAMOS UNHA E CARNE!

... Mas ele é tão bonzinho!

Desculpe qualquer coisa!

Não foi bem isso que eu quis dizer!

Vou só fazer um xixizinho e já volto!

DA MALANDRAGEM

O ANIVERSÁRIO DO TIBIRIÇÁ

Peço licença ao leitor para contar uma história escatológica. Porém, sinto-me no dever de abordar neste livro gafes de todos os estilos. Por isso, se você é muito sensível, pule esta história e só volte a ela devidamente preparado.

Você já conhece o Tibiriçá. O que você não sabe é que, desde criança, o Tibiriçá adora uma feijoada. E o que você realmente não sabe é que a feijoada causa certos problemas gástricos graves ao coitado do Tibiriçá. Falando em vocabulário médico que, em geral, é menos chocante, eu diria que o Tibiriçá sofre de flatulência. Ou de gases, como queira.

Só que aquele dia era o aniversário dele. E aniversário é aquela data em que a gente se permite certas regalias. Ora, o que o Tibiriçá mais queria no seu aniversário era degustar uma maravilhosa feijoada sem nenhuma culpa ou remorso. E sem se preocupar com quem estivesse por perto. O destino ainda colaborou: o seu aniversário naquele ano caiu num sábado.

Tibiriçá escolheu um restaurante mais ou menos perto da sua casa, já contando com o pior: "Traço aquela feijoada caprichada *sozinho* e vou a pé pra casa. Se tiver que acontecer alguma coisa, que seja no caminho, ao ar livre".

Assim fez. Chegou ao restaurante já às 4 da tarde e mandou ver. Lingüiça, paio, couve, caipirinha, torresmo, farinha, pimenta, laranja...

Aquilo foi fermentando no sensível estômago do nosso aniversariante, mas ele nem se importa. Afinal de contas, era o seu aniversário e ele *merecia* a extravagância! A caminho de casa, foi se aliviando. Que delícia! Não sabia o que era melhor: a feijoada ou aquela privacidade absoluta, aquela sensação de liberdade para liberar o que o incomodava...

Já na portaria do prédio, percebeu que havia escolhido um restaurante perto demais. A caminhada havia terminado, mas os gases não.

A mulher o recebeu na porta (sim, o Tibiriçá é casado):

— Querido, que bom você ter chegado mais cedo. Eu tenho uma surpresa pra você. Mas não vale olhar. Ato contínuo ela lhe coloca uma venda nos olhos e o leva até a sala.

— Espera aí que eu vou buscar a surpresa.

Nisso toca o telefone e ela atende. Ouvindo a voz da mulher no corredor, Tibiriçá sente seu estômago remexer e resolve se aliviar. Que mal teria ali, na sala do seu próprio lar, ainda mais sozinho?... O "alívio" é sonoro, mas ele continua ouvindo a conversa ao telefone e não se acanha.

Finalmente a mulher volta e tira a venda para mostrar a surpresa: pelo menos quinze amigos estavam na sala com chapeuzinhos de papelão e língua de sogra na boca, mudinhos, esperando pelo sinal para comemorar o aniversário do Tibiriçá. Mas ninguém teve muito fôlego para cantar parabéns a você.

A MARVADA PINGA

Uma coisa é certa: o álcool é o melhor amigo das gafes. Pelo menos das minhas. Em 1992, eu participava do Festival de Teatro em Curitiba. Todo o evento havia sido um grande sucesso, reunindo não apenas atores e diretores, mas também autores de todo o Brasil.

O almoço de encerramento estava animadíssimo e eu mais ainda, já com duas caipirinhas na cabeça. Aimar Labaki, um dos organizadores, se aproxima com um homem de cabelos ligeiramente grisalhos e começa as apresentações:

— Você conhece a Claudia Matarazzo...

Delicadamente, o homem interrompe:

– Nós já nos conhecemos, eu estive no seu programa.

E eu, metida, e alta das caipirinhas:

– No meu programa?! Não pode ser. Tenho certeza que eu me lembraria...

(Um dos meus maiores orgulhos é lembrar se não o nome, pelo menos a atividade de quem eu entrevistei e, dessa forma, consigo localizar a pessoa com uma certa facilidade em situações como essa.)

Meu interlocutor era delicado, mas tinha certeza de que não havia imaginado a sua participação. Por isso, insistiu:

– Mas eu estive lá, e foi há pouco tempo...

Percebendo que Aimar e o escritor Ruy Castro acompanhavam a conversa, eu não queria deixar barato e continuei, taxativa:

– Gente, não é possível! Eu não estou tão gagá assim! Eu me lembro *sempre* quando alguém vai ao programa.

Àquela altura ele havia resolvido se divertir com a minha óbvia falta de humildade agravada pela teimosia em admitir uma falha. E continuou, suave, porém firmemente:

– Pois de mim você não se lembra. Eu fiz uma entrevista para um especial...

Apesar das caipirinhas, uma incômoda campainha de alerta soou em minha cabeça. Mesmo assim, eu queria mostrar que estava por dentro do que acontecia em meu próprio programa. E mantive a linha "espertinha":

– Especial?!? Mas ultimamente nós não temos feito muitos especiais. O último que fizemos foi com o Lauro César Muniz, autor de novelas. Por sinal, foi um dos nossos melhores especiais. Exibimos trechos de *O Casarão*, em minha opinião a melhor novela brasileira, uma obra-prima. Também exibimos *O Salvador da Pátria*, em que Lima Duarte dá um show interpretando Sassá Mutema... aliás, eu adoro seus personagens, são sempre tão bem construídos...

À medida que falava, eu ouvia a campainha de alerta tocando mais e mais alto. Finalmente, fui interrompida por Aimar, o primeiro a se apiedar de mim:

– Claudia, este *é* o Lauro César Muniz!

Imediatamente sóbria, interrompi a falação. Mas, inspirada pelo anjo da guarda dos gaffeurs, ainda tentei uma saída digna:

– Santo Deus, é claro! Lauro, me perdoe, mas você tem que me dar o desconto: eu te vi apenas uma vez na vida, de óculos e camisa social, agora te encontro *sem* óculos, de camiseta de marinheiro, e, ainda por cima, estou meio de pileque! Mas você sem óculos e de roupa esportiva é outra pessoa, *tão* mais charmoso...

E por aí fui, enveredando pela *segunda* gafe, discorrendo sobre o quanto armações de óculos atrapalham o visual das pessoas, etc., etc....

Pois é. Álcool e gafes em geral andam juntinhos.

SEM PERDER A POSE

Antes de mais nada, é preciso conhecer o casal:

Paulinho: meia-idade, boa-pinta, engraçado, conquistador incorrigível.

Maria Emília: alguns anos mais jovem, astuta, autoconfiante e dona de uma elegância natural invejável.

Casados há quinze anos.

Agora, a situação:

Mesa de um restaurante badalado, após um jantar de que participaram, além deles, mais dois casais de amigos. Chovia muito, uma daquelas tempestades que, em pouco tempo, transformam as sarjetas em miniaturas de corredeiras.

Quando chega o café, Paulinho resolve tentar a sorte com a moça sentada à sua frente (Quem sabe? Bem que ela lhe havia lançado olhares lânguidos durante o jantar...). Discretamente, tira um dos sapatos e começa a deslizar maliciosamente o pé sobre os pés da moça. Ela entra no jogo e permite a ousadia daqueles carinhos extraconjugais com a maior naturalidade.

Em mais de quinze anos de convivência, Maria Emília já havia desenvolvido uma espécie de percepção extra-sensorial quanto às indiscrições do marido. Aquele brilho no olhar, o riso nervoso, a tensão nos músculos dos ombros, o batuque com as pontas dos dedos no tampo da mesa, tudo isso era um sinal inequívoco: Paulinho estava aprontando alguma.

Já que por cima da mesa a conversa corria inocentemente, sem despertar a atenção de qualquer pessoa desavisada, a ação só poderia estar acontecendo no subterrâneo, por baixo dos panos, ou, nesse caso, da mesa.

Não deu outra. Mantendo o sorriso nos lábios, Maria Emília começou a tatear o carpete em busca de algum indício e topou com um sapato sem dono, perdido junto ao pé da cadeira de Paulinho. E agora? Escândalo? Cena de ciúme? Dramalhão mexicano ou à italiana? Nada disso. Maria Emília é incapaz de uma baixaria, mesmo coberta de razão, com todo o direito de rodar a baiana. Sem que ninguém perceba, ela puxa o sapato do marido e, escondendo-o debaixo do casaco, levanta-se e vai ao toalete retocar a maquiagem.

Depois do batom, largou o sapato ali mesmo e voltou à mesa. Terminado o café, ao pedir a conta, Paulinho procura pelo sapato. Não encontra. Olhar debaixo da mesa seria assinar a confissão. Segue tateando em vão. Tenta ganhar tempo:

– Que tal mais um café?

Depois da quarta rodada, Paulinho já suava frio. Pálido, sem jeito, olhava para Maria Emília, que apenas sorria suave, quase angelical.

– Algum problema, querido?

– Não, não... Esse café está muito bom, não é? Vamos tomar mais um?

Finalmente, ele entende. Sem se alterar, pede a conta, levanta-se, cumprimenta o *maître* e sai, sapato sim outro não, como se nada tivesse acontecido.

Apenas o manobrista estranhou aquele homem tão bem apessoado esperando o carro, debaixo daquela tremenda chuva, chafurdando um pé descalço na água, com cara de ovo.

Paulinho aprendeu a não repetir a gracinha na presença de Maria Emília, mas até hoje confessa aos amigos que, sempre que vai comprar sapatos, sente um aperto no coração de saudade daquele par de fabulosos Fratelli Rossetti perdidos tão inutilmente.

Sim, porque é claro que, depois de tanto apuro, ele, tão sensível nesses assuntos, até perdeu o gosto pela quase suposta conquista. Não, decididamente esse tipo de novidade jamais substituirá o conforto familiar dos seus saudosos Fratelli Rossetti.

ABAIXO DO EQUADOR

Por que será que "debaixo da mesa" é um lugar que inspira tanto a imaginação quanto os sentidos das pessoas, fazendo com que, muitas vezes, os fatos mais prosaicos se transformem numa aventura delirante? Veja só o exemplo de Maria Anita, que foi jantar pela primeira vez na casa dos futuros sogros. Jantar superfamiliar: Alberto, o sogro, Fernanda, sua mulher, Leo, o noivo, e as duas irmãzinhas menores.

Durante o jantar, quando a conversa já está mais descontraída, Maria Anita sente um frio na barriga e um roçar inconfundível em suas pernas. Gelou! Santo Antônio, e agora? Leo não é, ele está sentado à sua frente. Naná, a irmãzinha de 5 anos, ao seu lado, dificilmente alcançaria suas pernas com seus pezinhos rechonchudos.

Só pode ser o sogro que, sentado à sua esquerda, discorre placidamente sobre uma pescaria em Mato Grosso, enquanto ela sente a intervalos mais do que regulares o roça-roça. Começa a suar frio.

Se ela não se impuser desde o começo, é capaz desse casamento já começar na bandalheira. Tem que falar alguma coisa, e é já! Começa a ensaiar mentalmente:

– Dr. Alberto, dá pra parar com essa pouca-vergonha, por favor, porque eu gosto mesmo é do seu filho?

Não dá. Talvez fosse melhor tentar chamar a atenção de Leo. Começa a piscar e a fazer sinais, mas pára, quando sente o roçar novamente, muito sutil, dessa vez entre suas coxas.

Não é que o homem é mesmo atrevido, e sabe disfarçar direitinho? Leo jamais seria capaz de uma coisa dessas. Talvez seja melhor falar de uma vez com dona Fernanda, ela sim poderia dar um jeito no marido assanhado.

Está pensando como fazer isso quando ouve Alberto falar com voz de criancinha que baixou em centro espírita:

– Olha só quem veio nos visitar, vem cá, Nenê, resolveu aparecer, é?

Maria Anita olha e vê um enorme gato persa sair debaixo da mesa abanando o rabo preguiçosamente. Seu alívio é tamanho que não pensa antes de falar e exclama quase num soluço:

– Nenê! Que gato lindo! Ainda bem dr. Alberto, eu estava sentindo uma coisa macia roçando minhas coxas e pensei que fosse o senhor!

ARLINDÃO E O CRIME PERFEITO

Esta história é daquelas do tipo que os homens adoram contar nas rodas de amigos, depois de algumas cervejinhas. Porém, foi meu amigo, o jornalista Alberto Helena Jr., por sinal muito chegado a um bom vinho, quem transmitiu essa preciosidade, e jura que conheceu o personagem.

Os fatos:

Arlindo (o nome é fictício, mas Alberto alega que é algo muito próximo; pode ser Armando, Arnaldo... ou até mesmo Alberto) era aquele tipo muito vulnerável ao charme feminino. Em casa era impecável: marido carinhoso, bom pai e até bom genro. Mas se encantava com qualquer rabo-de-saia, mesmo que fosse um interesse passageiro.

A mulher de Arlindo passava os meses de férias no litoral com as crianças e, durante essa época, havia um ritual quase religioso: na sexta-feira à tarde, ele pegava a sogra em sua casa e os dois desciam a serra para encontrar o restante da família.

Era algo tão natural, que nem precisava ser combinado. Pontualmente às 6 da tarde, Arlindo tocava a buzina do seu carro em frente ao sobrado do Limão, e lá vinha dona Angélica com suas sacolas e malas. Na segunda-feira de manhã, os dois voltavam juntos para São Paulo. Arlindo para trabalhar e a sogra para sua vidinha sossegada.

Ocorre que nessa última quinta-feira, Arlindo havia protagonizado um dos seus encontros amorosos mais fogosos (Alberto Helena diz que Arlindo relatava com riqueza de detalhes o que exatamente era um "encontro amoroso fogoso").

O fato é que, já refeito e bem-disposto, Arlindo segue feliz para encontrar a família, com a sogra no carro, ameaçando cair no sono.

No meio do caminho, um baita susto: um sapato perdido no carro. "Não é que aquela louca esqueceu o sapato aqui?", pensa ele, já suando frio.

Arlindo tinha que dar um jeito naquilo assim que a sogra se distraísse, mas quem disse que a sogra pegava no sono? Pescava daqui e dali, mas não dormia. Então veio a luz que salvaria sua vida:

– Dona Angélica, a senhora que é tão religiosa vai adorar essa fita. Olha só que maravilha estes *Cantos Gregorianos*.

Em menos de cinco minutos, dona Angélica ressonava, deixando espaço para uma manobra radical. Rapidamente, Arlindo pega o sapato e atira pela janela. Que alívio!

A viagem segue sem maiores problemas: dona Angélica absolutamente desmaiada e Arlindo com aquela sensação de ter cometido o crime perfeito: "nem Escadinha, nem Ronald Biggs. O quente mesmo é o Arlindão". (Pena não ter como reproduzir aqui a maneira como Alberto Helena cita essa frase do Arlindão.)

Ao chegar à casa de praia, a surpresa: dona Angélica vai descer do carro e não encontra um pé do seu par de sapatos. Arlindão, o criminoso perfeito, havia jogado fora o sapato da sogra.

O pior foi a cara-de-pau com que ele se saiu:

– A senhora tem certeza que veio com ele, dona Angélica? Olha, pra dizer a verdade eu não reparei, na hora em que a senhora subiu no carro.

RODA, BAIANA

Minha amiga Luzia mora em Salvador e sua história correu por toda a cidade como exemplo de indiscrição.

Luzia era casada com João Pedro, e, depois de anos de vida em comum, acabou acontecendo o clássico: João Pedro se apaixonou por outra e deixou a casa onde moravam havia doze anos.

Mas nada é tão simples assim.

Depois de seis meses de separação, quando Luzia começava a se refazer do choque, João Pedro teve uma recaída (doze anos de casamento não se esquecem de uma hora para outra). Procurou Luzia propondo um jantar, e ela, santa inocência, aceitou.

Depois disso, o assédio ficou caracterizado. João Pedro mandava flores e dizia estar mortalmente arrependido do seu ato de imaturidade emocional.

Questionado quanto ao futuro, ele pediu um tempo para se separar da outra sem traumas. Luzia concordou.

O tempo vai passando até que se segue esta cena:

A ação se passa no quarto de um *flat*, para onde João Pedro havia se mudado. O clima é de pós-briga. Por um motivo qualquer, nosso galã havia comprado uma briga ao telefone com a "amante" e encerrou a conversa dizendo algumas barbaridades (daquelas que os homens dizem quando têm certeza de que já ganharam uma mulher).

A moça havia desligado parecendo realmente sentida e João Pedro estava meio arrependido (ele sempre estava), achando que tinha sido duro demais. Havia acabado de desligar o telefone, quando o aparelho toca de novo.

– Eu sou um bobo, não sou? Sabe o que é? É que estou passando por um momento difícil. Dá um desconto pra mim. Nesses últimos meses... Sei lá, mil coisas... Eu me senti meio sufocado e desabafei do jeito errado. Mas a verdade é que eu não quero me separar de você não, docinho. Você sabe que depois daqueles momentos em Itaparica eu nunca vou esquecer você. Fico arrepiado só de lembrar... Me dá mais uma chance, amorzinho...

Gafe sem retorno: era Luzia que, de fato, estava disposta a dar uma chance. Naquela noite, ela mostrou quantos palavrões uma mulher fina é capaz de falar em menos de um minuto.

CASE-SE QUEM PUDER

Em algumas situações, o acúmulo de gafes cria um clima tão absurdo que quando a gente conta parece piada. Mas essa *eu vi* e juro que aconteceu:

Foi um dos primeiros casamentos entre os colegas de turma da faculdade, e toda a classe estava presente muito compenetrada na Igreja da Cruz Torta.

Já no altar, o noivo não faz a menor questão de esconder o nervosismo. Como se tivesse um pressentimento do que estaria por vir.

Antes mesmo da noiva entrar ele já tremia e suava frio. Até aí, tudo normal. É o que se espera de todos os noivos antes da chegada de sua eleita. Só que dessa vez o nervoso não ia passando, mas *aumentava* à medida que o casamento prosseguia.

E agora já estava na hora das alianças. Cadê as alianças?

Eduardo revira um bolso, revira outro, pergunta para um padrinho, mexe aqui, mexe ali, e nada. Finalmente encontra: mas, nessa altura, está tão aflito que parece que vai entrar em colapso. Nesse momento vê um padrinho fazer um sinal solícito, perguntando se precisava de ajuda. Aliviado por ter achado a caixinha, ele retira as jóias, e acena com elas para o amigo, mostrando em triunfo que está tudo bem. E não deu outra: as alianças foram para o chão.

Em um dia como esse, duas argolinhas de metal que caem no chão jamais ficam ali por perto. Elas rolam e vão parar no meio da igreja, debaixo dos bancos mesmo. Não dá pra imaginar, mas eu juro que vi: duas dúzias de convidados rastejando entre os bancos por minutos intermináveis.

O noivo, dilacerado em dúvidas, não sabia se ajudava a procurar, largando a noiva sozinha, ou se sofria ali mesmo a distância, contando com o apoio moral dos padrinhos acometidos por risos nervosos. Finalmente, encontraram as alianças.

Márcia, a noiva, até que estava tranqüila, mas o pobre Eduardo teve de literalmente ser acalmado com um copo de água com açúcar que surgiu em mais uma interrupção, trazido da sacristia por alguma boa alma.

Seria cômico se parasse por aí. Mas não naquele dia. Aquele era o dia em que os deuses das gafes estavam reunidos para uma brincadeira. E o escolhido estava ali, vestido de fraque, tentando recuperar o fôlego a duras penas.

Assim que é possível, a cerimônia é retomada. E eis que, alegre e sacolejante, entra, pela porta da sacristia entreaberta, um pequeno vira-latas que o padre, em um ato de compaixão, havia recolhido das ruas.

Pois o cãozinho resolveu que aquela seria uma boa ocasião para demonstrar sua gratidão e brincava com a batina de seu benfeitor, enrolando-se no tapete debaixo do altar.

Muito constrangido, o padre ralhava inutilmente, alternando bênçãos aos noivos com interjeições do tipo "xô, Pituca! Fora, fora!".

Interromper mais uma vez era impossível. O jeito foi encurtar ao máximo o tempo de risco para novos percalços.

A noiva, como já disse, estava até que bem calma, levando tudo muito na esportiva, com um sorriso tolerante nos lábios. Mas o noivo, coitadinho! Depois dos beijos, abraços e lágrimas habituais da hora dos cumprimentos, Eduardo não agüentou tanta emoção: acometido de uma inadiável dor de barriga, aos primeiros acordes de uma triunfante marcha nupcial teve de entrar apressadamente na sacristia. Márcia, um modelo de noiva até então, capitulou. Afinal de contas, ninguém se veste de noiva em vão. Acometida por um súbito sentimento de Julie Andrews em *A Noviça Rebelde*, ela ergue o queixo, endireita as costas e... sai da igreja sozinha, seguida por um perplexo e hesitante cortejo nupcial.

Apesar desse começo absolutamente desastroso (eu vi, juro que vi!), os dois estão juntos há quinze anos, e – o que é mais incrível ainda – vivem em aparente perfeita harmonia.

O Gasseur

EM VIAGEM

* Aproveita a insônia para conferir as compras, despencando e abrindo sua bagagem no meio da noite.

* Leva bagagem de um mês para ficar uma semana.

* Estica sua estada na casa dos amigos além do previsto "para aproveitar o sol".

* Lê inteirinha a revista de bordo no banheiro do avião.

* Não dá gorjetas para não "corromper os funcionários".

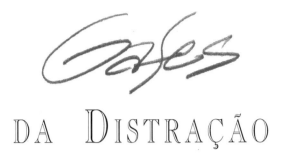

DA DISTRAÇÃO

A GAFE DO SOL NASCENTE

Dois casais de amigos (Patrícia e Paulo, Sérgio e Sandra) fizeram uma viagem ao Japão. Era um misto de negócios e turismo, mas, de qualquer forma, uma verdadeira aventura por se tratar de um país tão diferente do nosso. E, por isso mesmo, terreno fértil para gafes e outros incidentes culturais.

Assim que se instalaram, enquanto Paulo tomava uma ducha para atenuar a diferença de fuso horário, toca o telefone. Patrícia atende, e do outro lado da linha um japonês tenta se fazer compreender.

Imagine só a situação. Você sozinha, ouvindo pelo telefone uma língua absolutamente incompreensível.

Patrícia tenta levar a conversa para o inglês, mas não consegue. Arrisca o bom e velho "portunhol", e nada: o outro lado da linha continua firme no japonês.

Chega Paulo e a confusão continua. Quando já estavam a ponto de chamar uma camareira para servir de intérprete, ela ouve uma gargalhada do outro lado.

– Seus tontos, é o Sérgio. Gostaram da minha imitação de japonês?

Pouco tempo depois, toca o telefone de novo e, mais uma vez, Patrícia atende.

– *Queria falar senhoro Pauro, né?*

– Que "senhoro Pauro" o quê, seu panaca. Tá pensando que me engana de novo?

– *Non, senhora. Eu non é panaca, eu Toshiro.*

– Nem Toshiro, nem Mitsubishi, nem Sashimi. Eu não caio nessa de novo!

E é claro que, dessa vez, era mesmo o Toshiro, sócio de Paulo em um negócio milionário de importação. Mas Patrícia só veio a descobrir isso depois de quinze minutos xingando o pobre japonês e todos os seus ancestrais. Da mãe à tataravó, não escapou ninguém. Desfeito o mal-entendido, Patrícia acha até hoje que ele quis se vingar. À noite, Toshiro levou os quatro a um dos restaurantes mais chiques de Tóquio. O conceito de chique no Japão é mais ou menos o seguinte: quanto mais perto do cru, melhor.

Patrícia, morrendo de fome e com o organismo todo desregulado pela viagem, via aquelas lagostas, camarões e infinitos frutos do mar passando pela sua frente semivivos, e foi obrigada a experimentar pelo menos um pouco de cada, ainda tendo de elogiar e agradecer:

– Arigatô, arigatô...

MAMÃE "UNPLUGGED"

Minha mãe nunca foi uma adepta fervorosa da televisão. O fato de ter uma filha que trabalha há anos como apresentadora nunca a comoveu a ponto de fazer com que ficasse mais do que cinco – ou quem sabe sete? – minutos seguidos parada em frente a um monitor, acompanhando qualquer tipo de programação.

Ela é estupidamente esportiva: joga três horas diárias de tênis, nada mais de dois mil metros, e, se for a uma festa à noite, ainda tem fôlego para dançar até de madrugada. O que, aliás, faz muitíssimo bem.

Por isso, quando nosso amigo José organizou aulas de dança de salão em sua casa, ela não se importou em preencher uma lacuna de última hora.

– Vou só esta noite, parece que tem um rapaz a mais e eles precisam de um par para ele – justificava, fazendo um ar compenetrado.

Mas é claro que estava adorando. O "rapaz" em questão era ninguém menos do que Ney Latorraca, que também é um exímio dançarino. Os dois rodopiaram ao som dos mais diversos ritmos, numa espécie de duelo de bailados durante quase duas horas. Ela encantada com o óbvio talento do "rapaz" e ele, com o fôlego de gato daquela senhora esfuziante.

Terminada a aula, estavam todos ao redor da mesa tomando um refresco, quando minha mãe olha bem para ele com olhar crítico:

– Sabe de uma coisa? Eu acho que conheço você de algum lugar...

Ney pisca e respira fundo, certo que ela está de gozação. Afinal, o Brasil inteiro havia assistido durante meses a campanha protagonizada por ele para a Sharp, onde a velhinha falava exatamente a mesma frase.

Nessa fração de tempo ele a ouve continuar:

– Sabe, você dança tão bem... devia ser bailarino...

Pronto! Agora ele tem certeza. Ela seguramente viveu até aquela noite na ilha de Páscoa. Responde a primeira coisa que lhe vem à cabeça e continua a beber seu suco.

Ao ser informada sobre a identidade de seu parceiro, ela não se deu por achada, e ainda respondeu com seu jeito despachado:

– E como é que eu ia adivinhar? Se vocês dizem que ele é um grande ator, eu acredito. Mas devia ser só bailarino, pois dança que faz a gente flutuar no salão...

A CAMAREIRA DE MADAME

Ela foi uma grande radioatriz e certamente já viveu tempos de maiores glórias. Conhecidíssima e amada por todos na era do rádio, quando a televisão chegou para criar novos ídolos, não conseguiu converter seu carisma em imagem. Mesmo assim, ainda tem muito prestígio entre o pessoal de comunicação e, vira e mexe, é convidada para dar uma entrevista em programas de TV. Para não causar constrangimentos, vamos chamá-la aqui simplesmente de "Madame".

Wagner Matrone trabalhava na TV Cultura e, como todo assistente de produção em começo de carreira, fazia tudo para agradar e mostrar boa vontade. Assim, quando ficou sabendo que a pauta do programa era justamente os Anos Dourados do rádio se adiantou:

– Eu tenho o telefone de uma pessoa que vai ser muito legal. Deixa comigo.

Madame aceitou participar com o maior prazer, mas, como o quadro envolvia algumas trocas de roupa, ficou combinado que sua camareira procuraria Wagner no dia seguinte, às 2 da tarde, para acertar os detalhes.

No dia marcado, pontualmente às 2, ele recebe o recado que tem alguém à sua procura pelos corredores da emissora.

Ao se deparar com aquela senhora franzina, carregando com esforço vários cabides de roupas cintilantes, ele educadamente pergunta:

– A senhora é a camareira da Madame?

A mulher irrompe em choro quase histérico e deixa cair as roupas no chão. Wagner, sem ação, primeiro recolhe o precioso figurino e depois pergunta ansiosamente:

– Algum problema com a Madame?

E ela, quase desfalecendo contra o batente da porta:

– Eu *sou* a Madame!

O QUE

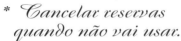

SEMPRE ESQUECE

* *Nomes.*

* *Horário de encontros.*

* *Horário de ir embora dos encontros.*

* *Data de aniversário das pessoas mais próximas.*

* *A carteira com dinheiro na hora do almoço.*

* *Cancelar reservas quando não vai usar.*

* *Escova de dentes, xampu, sabonete e pente em viagem.*

DA SILVA

NO VAREJO

NEW LOOK I

Marilu estava muito satisfeita. Nunca teria imaginado que faria tanto sucesso aquela noite. Era um elogio só: todos a cumprimentavam pelo vestido, pelo novo corte de cabelos, pela silhueta mais magra.

E pensar que quando comprara aquele vestido não pusera a menor fé! Fora a insistência de sua amiga Susana que fizera com que ela se decidisse.

– Tem que levar – dissera Susana. – É todinho bordado, veja que trabalho mais bem feito! Depois, preto bordado no preto é muito *chic*, você vai poder usar praticamente em qualquer ocasião. E, além do mais, está num preço muito bom!

Marilu se convenceu. E hoje estava aquele sucesso. Ela estava atrasada e se arrumara correndo, dando graças a Deus que, por ser bordado, o vestido não estava amassado e não exigira muitos cuidados.

Não podia chegar tarde àquele jantar de jeito nenhum! Era um jantar pequeno na casa do dono da financeira onde ela trabalhava. Tudo muito correto. Como as respostas que ela dava a cada elogio que recebia:

– Obrigada, dr. Piza, são seus olhos...

Ou:

– O que é isso, Caetano, do jeito que você fala até parece que vou trabalhar de *molleton*...

Ou ainda:

– Já que você gostou, Beatriz, depois do jantar faço questão de anotar o endereço do estilista pra você. Se você disser que é minha amiga, tenho certeza que ele te atende com um carinho especial... Terminado o jantar, Marilu se encaminha ao lavabo para retocar o batom. Em frente ao espelho, mais uma vez, suspira de satisfação ao ver seu reflexo. Realmente era um belo vestido. Mas o que será este fio solto perto do ombro? Olha mais de perto e arregala os olhos: não é apenas um fio. É toda a costura. Como assim? Uma costura aparecendo em meio àquele bordado tão bem feito? Chega mais perto e... vexame dos vexames! Percebe que todos os elogios que ouvira até então haviam sido dirigidos, sem dúvida alguma, a seu vestido preto bordado com tanta delicadeza, mas tanta delicadeza, que só agora ela percebia que o havia vestido pelo avesso...

NEW LOOK II

Gafes como esta que acabei de contar são praticamente inofensivas. Afinal, passados os primeiros momentos de perplexidade, foi fácil para a distraída Marilu despir o elogiado vestido, e tornar a vesti-lo do lado certo, voltando ao salão com aquele ar de "Se alguém achou que eu saí com o vestido do avesso, teve uma alucinação. Podem conferir!".

A verdade é que esse tipo de distração está acontecendo cada vez mais, principalmente a pessoas que vivem num ritmo frenético. Paula Cesari, minha amiga banqueteira, foi vítima de um desses lapsos e me contou inconformada:

– Era um daqueles dias em que tudo estava atrasado. Saí do cabeleireiro morrendo de pressa, pois ainda tinha de passar num fornecedor antes de ir para casa. Lá, senti um ventinho gelado nas pernas e percebi que havia esfriado bastante. Quando cheguei em casa e me olhei no espelho do elevador não acreditei: eu havia saído do cabeleireiro vestindo apenas o penteador! Ainda por cima era do tipo mais curtinho, por isso aquele frio nas pernas! Agora imagine o que os meus fornecedores pensaram daquele *look* inesperado!

A preocupação de Paula com os fornecedores até que faz sentido: ela é dona de uma das melhores *rôtisseries* de São Paulo. Graças ao seu talento e também porque consegue em pequenas quantidades aqueles produtos raros e preciosos que, em geral, os fornecedores reservam apenas aos artistas da boa mesa.

Tentei convencer Paula de que um penteador de cabeleireiro pode muito bem passar por um avental de mestre-cuca, mas não adiantou.

JEITO DE ARTISTA

Pequenas gafes podem até não ter grandes conseqüências. O problema é que, por menor que seja a gafe, nós nos sentimos como se estivéssemos quebrando o protocolo da rainha, via satélite, para o mundo inteiro. Por isso, ajuda tanto quando a "testemunha" ou nosso companheiro de gafe tem senso de humor. Foi o caso do doutor Ciro.

Ele é meu médico desde menina e entre suas inúmeras qualidades está a de sempre encontrar horário para nos atender. (Qualidade importantíssima num médico, pois dificilmente podemos convencer uma crise de apendicite a esperar mais quinze dias até coincidir com o horário do doutor.)

Naquela manhã a crise me pegou. Telefonei imediatamente sem saber o que era aquela dor e marquei consulta para as 11 da manhã. Apesar do mal-estar, caprichei no visual: depois da consulta ainda iria almoçar com o produtor de um show do qual participaria como cantora, e queria estar com "jeito de artista".

No consultório, já quase sem dor, começo a me impacientar com as perguntas detalhadas do doutor Ciro.

– Pensando bem, doutor, acho que foi só uma indigestão, já estou me sentindo bem melhor...

– Calma, Claudia, só mais um pouquinho. Me diga uma coisa, os tornozelos estão inchados?

– Não, estão ótimos, a dor é no abdômen.

– Sei. Algum desconforto nos pés, hipersensibilidade na planta ou no peito do pé?

– Nada, doutor. Já disse: o que dói mesmo é a barriga, à direita...

– Sei. Você sofre de joanete?

– Não, não sofro. Mas a barriga amanheceu doendo e dura. Aliás, eu tenho um almoço daqui a pouco, será que convém eu pedir comida mais leve?

– Certamente convém você comer mais leve. Mas eu, se fosse você, passava em casa antes do almoço, porque seus chinelinhos de babado cor-de-rosa são uma graça, mas francamente não combinam com esse seu conjunto de crepe...

Depois de uma boa risada juntos, doutor Ciro me indicou uma boa loja de sapatos perto de seu consultório, pois voltar para casa acarretaria um atraso imperdoável. Foi um ótimo pretexto para comprar um par de sapatos novos.

E até que foi muito conveniente: logo depois desse almoço, acabei sendo internada às pressas para a operação de apendicite. Saí do hospital no dia seguinte com a barriga costurada, mas chiquérrima, produzida e de sapatos novos.

AGATHA TRISTE

Agatha sempre foi muito precisa e objetiva. Detesta meias palavras, frases dúbias ou situações nebulosas. Com ela é ali, na lata: pão pão, queijo queijo. Essa qualidade sempre lhe rendeu amizades sólidas, lealdades declaradas, a admiração do marido e um raro senso de organização.

Por outro lado, Agatha não é exatamente o que se pode chamar de uma pessoa maleável. Quando a vida lhe apresenta qualquer espécie de improviso, chega mesmo a se sentir à beira do pânico, pois detesta perceber que algo está lhe fugindo ao controle.

Quando isso acontece, ela usa um artifício que muitas vezes acalma sua ansiedade: começa uma contagem mental de gols, como se ela e seu interlocutor representassem duas equipes esportivas, podendo assim pesar e ter um quadro mais claro da situação.

Naquele dia, o jogo estava começando cedo. O marido, Édson, ligara avisando que o chefe os havia convidado para um jantar em sua casa.

– Meu Deus, mas assim de repente? Não esperava por isso, vou ter de me organizar!

– Bem, se a mulher dele pode se organizar numa tarde, certamente você também consegue – responde Édson, que já conhece as manias da mulher. – Além do mais, pelo que pude entender, são poucas pessoas. Não podemos dizer não, pois é a primeira vez que ele nos convida para ir à sua casa...

Quando Agatha desliga, todo o seu pragmatismo já está voltado para vencer aquela partida. Raciocina rapidamente e por etapas:

1ª - Se eram poucas pessoas significava uma ocasião mais alinhada, portanto melhor escolher um *tailleur* estruturado.

2ª - Era a primeira vez na casa do chefe do marido. Por melhor que fosse o chefe, chefe é chefe, por isso melhor se garantir e usar preto, que é sempre mais elegante e discreto. Pronto: *tailleur* preto e estruturado. Resolvido o problema da roupa.

3ª - Jóias. Usar ou não? Ela não quer parecer uma pobre coitada, mas também não quer ir fantasiada de perua em fase de aceitação social. Lembra-se do seu anel de pérola barroca que vem passando de mãe para filha há gerações. É perfeito: uma linda pérola rosada encravada na armação de ouro. Usaria apenas isso, como se já acordasse com ele e dispensasse qualquer outro enfeite que não fosse absolutamente de qualidade.

Quando o marido chega, Agatha já está preparada para o que der e vier. Num momento de inspiração, enquanto esperam o elevador, lembra-se dos relógios no cofre. E por que não? Um relógio de qualidade dificilmente vai ser interpretado como ostentação. Assim, retira o Patek Philippe antigo de Édson e o seu Chanel moderninho e vão os dois apressados, porém alinhados, ajeitando os relógios a caminho da casa do chefe.

É claro que ela está um pouco nervosa, afinal de contas improviso não é o seu forte, mas o maridão está firme a seu lado, dando o maior apoio:

– Relaxe, seja natural, vai dar tudo certo – dizia ele, embora já ligeiramente contagiado pela agitação de Agatha.

Assim que descem do carro, avistam Gino, o chefe, e sua mulher, Lisette, à porta da casa, como se tivessem adivinhado que eles estariam chegando àquela hora.

– Que bom que vocês chegaram cedo! – exclama Gino, bonachão. – Assim aproveitam com a gente esta noite tão bonita. Esta varanda é um dos meus cantos preferidos da casa...

Os dois parecem completamente relaxados e acomodam os convidados no terraço, acrescentando que assim as crianças interferem menos.

Agatha começa a se sentir fora de lugar. Como "assim as crianças interferem menos"? E os outros convidados onde estão? Ela não demora a descobrir. Lisette comenta enquanto serve os aperitivos:

– Fiz questão de convidar só vocês dois, é muito mais simpático. Ouço tanto o Gino falar do Édson, que é como se já o conhecesse. Espero que vocês não façam cerimônia, pois estamos realmente em família...

Agatha se sente desmoronar. Acha que vai pular no pescoço do marido e esganá-lo ali mesmo. Como é que ele não *avisa* que é um jantar completamente informal? Agora ela está ali sentindo-se uma imbecil fantasiada de mulher de executivo, dura como um pau, bebericando suco de maracujá ao lado de uma Lisette completamente à vontade em suas calças de elástico na cintura, com alpargatas de lona combinando.

Édson olha para ela pedindo desculpas, mas não tem desculpa! Por causa dele Gino e Lisette marcaram o primeiro gol do placar, tão afáveis e naturais contra eles dois ali, completamente fora de contexto naquele jantar familiar.

Agatha adota uma postura falsamente relaxada, dentro das limitações de seu *tailleur* estruturadinho.

Finalmente, depois de apresentar as crianças, vão todos para a mesa. Agatha arregala os olhos quando percebe que o prato principal é um lombo de porco recheado com ameixas. Ela é vegetariana desde que nasceu! Não é uma questão de convicção, mas de rejeição mesmo a qualquer tipo de carne ou peixe. Olha para o marido, implorando socorro. O olhar que ele manda em resposta é muito claro:

"Nem se atreva a dizer que é vegetariana! Trate de engolir nem que seja um pedacinho desse lombo e não esqueça de dizer que está uma delícia!"

"Dois a zero para eles, e com gol contra", pensa ela desesperada. "Vou ter que segurar esta, vai dar muito trabalho explicar..."

Controlando a expressão de repugnância, ela serve em seu prato um minúsculo pedaço de lombo e tem que se segurar para não gritar, quando Lisette pergunta se ela não quer repetir.

Girando nervosamente o anel em seu dedo, tenta sem muito sucesso abstrair os pensamentos da carne indesejável. Cai na real quando ouve o barulho de algo rolando no tampo da mesa: sua linda pérola barroca desprendeu-se da armação e foi rolando, rolando, até parar na mão do anfitrião.

Como num sonho, ouve Gino perguntar:

– Alguém perdeu esta pérola?

– É do meu anel... – responde ela, constrangidíssima.

– Agatha adora essas bijuterias. Eu vivo dizendo a ela que o acabamento não é bom – diz Édson, tentando fazer graça.

Ela reage imediatamente, dessa vez furiosa com toda a situação:

– Como bijuteria? Você está cansado de saber que esse anel está na família desde o século passado! Você tem cada uma! Não dá o menor valor à tradição!

Gino e Lisette se olham espantados, sem entender a razão do rompante.

Agatha tem vontade de fugir para debaixo da mesa.

"Agora são três a zero", pensa furiosa com a própria rata. "Eu, pelo menos, poderia aderir à gracinha do Édson, em vez de bancar a esposa cricri. Embora não tenha achado a menor graça na sua gracinha... Meu Deus, quando é que este jantar vai terminar?"

E o jantar finalmente termina. Mas é a casa do chefe, por isso os dois vão para a sala, esperando passar um tempo decente para começarem a se despedir. Porém, na opinião de Agatha, aquele dia já se estendeu demais. Assim que encontra uma brecha, ela olha para o relógio e exclama:

– Meu Deus, mas que coisa! Já é meia-noite e nem percebi o tempo passar. Vamos indo, Édson, amanhã todos temos que trabalhar...

E Édson, solícito, disposto a consertar os desencontros da noite:

– Nossa! Não é que eu também não vi que já é tão tarde? Vamos indo, sim. Eu sei que o Gino gosta de dormir cedo, não é Gino?

E Gino, o chefe bonachão:

– Gente, eu gosto de dormir cedo, mas nem tanto... O que acontece com o relógio de vocês? Ainda está no horário de verão? No meu ainda são 11 horas, fiquem mais um pouquinho, é cedo ainda... Agatha e Édson se entreolham, completamente arrasados. "Quatro a zero", pensa ela, sem interromper a contagem do placar. "Se fosse uma luta de boxe, já teria sido nocaute há muito tempo. E merecido! Onde já se viu, dois tontos tentando parecer descolados com seus relógios de festa, e nem sequer se lembraram de acertar o horário!!!"

JANTAR COM A ESTRELA

Metade da população brasileira se lembra de Lolita Rodrigues e seus maravilhosos olhos verdes apresentando, ao lado do marido, Aírton, os programas *Clube dos Artistas* e *Almoço com as Estrelas*. Durante muitos anos nos acostumamos a ver Lolita elegante, calma e classuda circulando entre as mesas de seu "Almoço".

A outra metade da população brasileira, que perdeu essa fase da TV Tupi, certamente já assistiu ao desempenho de Lolita em novelas, onde podemos apreciar melhor ainda seu senso de humor, ou apresentando seu programa vespertino pela Rede Manchete.

O fato é que, conhecendo há anos os bastidores da televisão, Lolita deve conhecer histórias ótimas de gafes artístico-televisivas. Assim, explicando o teor deste livro, convidei-a para jantar em casa, tomando o cuidado de mencionar que estariam presentes também Agnaldo Rayol e Abelardo Figueiredo, que eu sabia serem seus amigos de muitos anos.

Ora, essa seria a primeira vez que ela viria em casa, o que por si só já merecia alguns cuidados especiais. No entanto, nesse dia eu havia saído cedíssimo para uma gravação que só terminou às 7 da noite. Cheguei em casa esbaforida, dando graças a Deus por poder contar com a ajuda de Wanda, fiel escudeira há três anos e exímia cozinheira.

Assim que cheguei, a primeira providência foi abrir a mesa da sala de jantar, aumentando-a para oito pessoas. Arrumei voando pratos, copos e talheres.

Pronto! Agora só faltava entrar na cozinha e ver se estava tudo sob controle, pois já estava em cima da hora. Quando estou com a mão na maçaneta, toca o telefone: é Agnaldo e, enquanto ele fala, ouço música ao fundo:

– Claudia, você não vai me perdoar, mas é que estou gravando meu CD e eu achei que terminaria às 6 da tarde, mas pelo jeito não vou sair daqui antes da meia-noite. Sabe como é, estamos na fase final do trabalho, não dá pra largar e deixar para depois.

Descabelada de pressa, desliguei, assegurando ao Agnaldo que não, não fazia mal, ficava para outra vez, etc. Melhor trocar de roupa antes e *depois* entrar na cozinha. Já estou muito atrasada! Enquanto tiro a roupa, o telefone toca de novo. Atendo lutando com uma meia-calça de *lycra*: desta vez era Abelardo Figueiredo tão afônico que estava quase inaudível:

– Claudia, estou de cama...

– Nem precisa falar mais, já estou vendo que é um esforço enorme. Fique aí e melhore logo.

Desligo, em pânico. E agora? Eu havia planejado com tanto carinho esse grupo específico, justamente para deixar Lolita mais à vontade, na presença de amigos comuns...

Eu já podia ouvir o comentário de meu marido que havia insistido para que a convidássemos para jantar fora, alegando ser muito mais "correto". Talvez até fosse, mas eu achara mais divertido assim. Embora agora o divertido estivesse a ponto de se transformar em caos...

Eu tinha de fazer alguma coisa rápida. Mas, o quê? Em quinze minutos ela estaria chegando e eu nem sequer havia entrado na cozinha! Frenética, localizo minha irmã Camilla.

Ela diz que vem com o maior prazer, mas que o marido não sai de casa nem morto, pois era dia de jogo do Brasil. Falo para ela vir assim mesmo, e em desespero localizo outra amiga com marido fanático por futebol. Ela vem. Bingo! Resolvido esse problema, posso me dedicar ao jantar e a Lolita.

Confesso que quando ela chegou – linda, elegante e serena –, eu me sentia como se tivesse sido atropelada por uma jamanta. Mas vou me acalmando à medida que passa o tempo e a conversa vai engatando da maneira mais agradável possível.

Quando experimento o pão de queijo e percebo que está uma borracha, trato logo de substituí-lo, amaldiçoando as diferentes marcas que reagem de forma diferente ao descongelamento e às temperaturas de forno. Mas, depois de tanto apuro, não será um simples pão de queijo que vai me fazer perder o rebolado!

Eu não tinha idéia do que ainda estava por vir...

Assim que Wanda avisa que o jantar está pronto, vamos todos para a mesa. Não posso acreditar quando vejo que o frango ao *curry*, que deveria chegar lindo e cremoso servido numa sopeira de prata, veio apresentado com aspecto de papa disforme numa odiosa travessa estreitinha.

Disfarçando meu desgosto, finjo que está tudo normal, na esperança de que ele ao menos estivesse tão saboroso quanto cheiroso, e que todos passassem por cima desse detalhe estético. Estava.

Mas meu alívio durou pouco. Quando começo a cortar, percebo que a mesa está meio bamba. Aliás *muito* bamba. Parecia um jantar num navio em dia de tempestade. Olho para Lolita na outra extremidade, e a sua ponta também oscila vergonhosamente. Na pressa, ao abrir a mesa, eu havia me esquecido de puxar a perna extra, que serve de apoio justamente para ocasiões em que ela é "espichada", como naquela noite.

Procurando ser o mais natural possível, explico o caso, brincando com o fato de estarmos ali todos contando historinhas de gafes, e olha aí: mais uma para a coleção.

Lolita releva, elogia o vinho, fala que está tudo tão gostoso, mas é claro que ficamos todos prestando a maior atenção a qualquer movimento que pudesse comprometer o precário equilíbrio dos copos e jarras.

Deixando de lado essa série interminável de contratempos, estamos todos nos divertindo bastante. É o que eu penso enquanto me dirijo à cozinha para trazer pessoalmente a sobremesa, que sempre considero o ponto forte de qualquer jantar.

Mais um susto:

– Ué, Wanda, você resolveu fazer quindão em vez de torta de maçã?

– Não. Na verdade esta é uma outra receita de torta de maçã. Ficou bonita, não é?

Levo a torta com cara de quindão para a sala, com a sensação de estar levando gato por lebre. Mas naquela noite eu já estava escaldada, por isso tratei de experimentar a tal "outra receita" antes dos outros. Estava incomível. Desaconselhei imediatamente o doce e falei, na lata:

– Gente, realmente hoje está tudo atrapalhado, acho melhor comermos o morango com creme. Receita nova, sabe como é, não ficou como deveria...

Mas Lolita é fina. Fez questão de provar um pedacinho, coitada! E foi só o que conseguiu provar, pois o resto da fatia ficou em seu prato como prova final, apesar de seu esforço, de que *nunca* se deve experimentar receitas novas com visitas para o jantar. O que me restava dizer? Que quando o pão de queijo não passava do ponto, o frango não ficava empapado e a torta de maçã não estava rançosa até que era gostoso jantar em casa, desde que, é claro, eu me lembrasse de abrir a perna da mesa, para não termos todos de fazer números de equilibrismo durante o jantar? Será que ela acreditaria?

Cafezinho e finalmente as pessoas se despedem. Assim que fechei a porta, desabei no sofá, arrasada. Fernando, meu marido, teve a delicadeza de não proferir o abominável "Eu não disse?" e até tentou me consolar, dizendo que estava muito divertido.

Mas eu não caía nessa. Limpo os cinzeiros desconsolada, ajeito mecanicamente as almofadas no sofá, e apago as luzes, arrastando os pés pela casa.

Quando encosto a cabeça no travesseiro, toca o telefone. Você acha que acabou? Claro que não: dia que começa assim tem que varar a madrugada em desastre. Era Camilla, minha irmã:

– Claudia, que ódio! Estacionei meu carro em frente à guarita do seu prédio, mas não adiantou nada. Quando desci, estava arrombado, os vidros quebrados e *não* tinham levado meu rádio porque eu não tenho rádio. Mas os vidros e a porta vou ter que colocar novos...

– Ainda bem que não foi o carro de Lolita...

DOMINGÃO SEM FAUSTÃO

Domingo é sempre um dia especial. Vale tudo no domingo: pode-se ir a uma mostra de pintura, a uma feira de antiguidades, a um parque, a um restaurante com crianças berrando, a um churrasco no sítio, à praia, ao cinema...

Mas para o senhor Leon, não. Domingo para ele é o almoço em casa, a massa, o bom vinho, e a admiração de quem está à sua volta. As conversas sobre cultura, a música erudita, as piadas com um leve toque de humor inglês e a satisfação de ver os outros felizes. E a comida, claro. A comida é o tempero da companhia.

Naquele domingo de primavera, os telefonemas começaram cedo no casarão da Alameda Santos. Às 10 já se ligava para confirmar quem viria almoçar, e quem passaria depois. A senhora Leon, na cozinha, preparava os deliciosos *capelletti* recheados de frango, e tudo estava em harmonia com a estação do ano e o *glamour* de uma São Paulo antiga, que hoje conhecemos apenas por fotografia.

A família começou a chegar ao meio-dia: casados, solteiros, viúvas e os meninos, que brincavam na parte de trás do casarão, no grande quintal acoplado ao jardim exuberante.

Este é um domingo particularmente especial: o melhor amigo do senhor Leon, Giovanni, solteirão convicto até há poucas semanas, vai chegar com sua noiva e futura esposa para apresentá-la aos amigos.

A moça já havia sido motivo de muita especulação e alvo dos comentários mais desencontrados, uma vez que nenhum dos presentes havia tido a oportunidade de conhecê-la pessoalmente.

O senhor Leon está fremindo de impaciência. À uma da tarde, durante os aperitivos, onze pessoas já haviam chegado, e toca a campainha. Com os olhos brilhantes e uma curiosidade contida a muito custo, ele abre a porta.

Cumprimentos efusivos, tapas ruidosos nas costas, e quando Leon é apresentado à senhorita, exclama num impulso espontâneo, ainda no *hall* de entrada, com a família ao redor:

– Giovanni, caro! Mas me falaram que ela era tão feia, até que não é tanto!

Subitamente a senhora Leon foi ver os *capelletti* na cozinha, o aperitivo necessitava de um reforço, todos desapareceram pela casa.

Percebendo que dissera algo errado, ele ainda tenta amenizar a situação, e dirige-se à moça, completando:

– As feias que me perdoem, mas beleza é fundamental.

CIRCULANDO, CIRCULANDO!

Marilu sempre foi muito descolada. Poucas coisas deixam-na sem ação. Tem sempre uma resposta afiada na ponta da língua e um conselho sensato. Outra grande qualidade de Marilu: ela é essencialmente prática.

Vai direto ao assunto, oferece soluções fáceis e não é do tipo que se ofende com facilidade; afinal, a vida é muito curta para essas frescuras. Mas naquele dia ela estava perplexa. E francamente não sabia o que dizer a seu genro Carlão que, inconformado, dava passadas largas por sua varanda, perguntando em desespero:

– E agora, Marilu, o que é que eu faço? Não posso deixar a coisa assim!

Marilu estava sem resposta. Realmente fora uma gafe tão grande que ela custava a crer que teria conserto. Foi assim: Todos os anos Carlão oferecia um churrasco inesquecível em sua fazenda no Paraná. Aqui, é preciso que se explique quem é Carlão. Seu pai, um homem notável e pioneiro em várias áreas da agropecuária, havia começado seu negócio muito pobre e enriquecera rapidamente. Tanto, que em pouco tempo acabou se mudando para São Paulo, onde fundou várias empresas e passou a dirigir um verdadeiro império.

De seus três filhos, Carlão é o encarregado das relações públicas, de manter os contatos políticos e bom trânsito em todas as esferas. E é muito bom nisso. Tem aquele jeitão compenetrado de moço do interior (inclusive um forte sotaque) aliado a um raciocínio afiado e a uma eterna sede de conhecimento.

Voltando ao churrasco: Carlão fazia questão de, pelo menos uma vez por ano, abrir as portas de sua fazenda a todos os seus clientes, fornecedores importantes, autoridades locais e pessoas influentes. Era como um presente que ele oferecia a quem o tratava bem e um aviso, aos que não o conheciam, da extensão do seu poder de fogo.

Sim, porque apesar de fazer questão do churrasco, a simplicidade da ocasião parava por aí. Nesse dia, tudo era pouco para agradar aos convidados. Desde helicópteros à disposição, passagens enviadas pelo correio, passeios a cavalo previamente organizados, vinhos preciosos e, mais importante de tudo, a atenção calma e solícita do anfitrião, que conseguia a proeza de ser agradável com todos, raramente esquecendo-se de alguém.

Naquele ano o churrasco tinha um objetivo bem definido: além do *lobby* geral, a idéia era estreitar a amizade com o dr. Honorato Coelho, poderoso pecuarista que interessava particularmente aos negócios de Carlão. Marilu era amiga de toda a família e passou a ficha ao genro:

– O dr. Honorato tem dois filhos mais ou menos da sua idade e são casados. Convide a família inteira, ele vai adorar.

Assim foi feito. Durante o churrasco, Carlão está em sua melhor forma: conta piadas, prepara pessoalmente as caipirinhas, supervisiona o serviço e trata de dar uma atenção especial ao dr. Honorato.

São Pedro até colaborou mandando um dia glorioso. Todos estão animados, e a mistura de convidados está na dose certa.

Ôpa! Pensando bem, parece que a mistura passou do ponto: Carlão observa contrariado duas moças de seios grandes apertados em miniblusas colantes pegando no braço do dr. Honorato com uma familiaridade suspeita.

Aliás, que tipos mais suspeitos! De onde será que saíram aquelas duas? Cabelão armado e eriçado, uma usava estampa de oncinha e a outra um horrendo *composé* de cinto e botinhas altas de verniz vermelho.

Carlão vai se aproximando, decidido: pistoleira em sua festa não vai ter vez! Ainda mais ali, naquela descaração com o dr. Honorato, na frente da mulher dele, imagine só! Chega perto, de cara feia, e carrega no sotaque:

– E aí, vocês duas, que é que tão fazendo?

Dr. Honorato interrompe a conversa animada, e uma delas responde abrindo um sorrisão:

– Estamos aproveitando esta festa linda. Está tudo lindo, não é?

Carlão é esperto e não vai se deixar levar por uma lábia dessas. Aumenta a carranca e dispara:

– Tá tudo muito bom, mas vamos circular. Circulando, circulando, aí vocês duas! Podem passar pra lá, circulando...

Passados dois dias da festa, Carlão está ali justamente contando a Marilu como havia sido enérgico com as duas inconvenientes penetras. Marilu ficou branca:

– Pelo amor de Deus, você tem certeza de que eram aquelas duas de oncinha e botinhas vermelhas?

– Claro, e dá pra esquecer uns tipos como elas?

– Carlão, aquelas duas eram as *noras* do dr. Honorato! Elas se vestem de um jeito meio esquisito mesmo.

Carlão se descabelava pela varanda:

– E agora, Marilu, o que é que eu faço?

Rumo à África

Os corredores da antiga reitoria da Universidade de São Paulo pareciam um formigueiro: mais de setecentos jovens esperavam, preenchendo formulários, fazendo perguntas e emitindo estranhos ruídos vocais. Eram aspirantes a cantores prontos para o exame de seleção de vagas para o coral que seguiria em missão cultural à África, regido pelo maestro Benito Juarez.

Tudo parecera uma grande aventura, quando meu professor de teoria musical sugerira que eu me inscrevesse também. Agora eu via que o negócio era sério mesmo: de toda aquela multidão, apenas quarenta felizardos seriam escolhidos para a *tournée* de quase dois meses pelo continente africano. Naquele primeiro momento estava tão atordoada que não houve tempo para me contagiar com o evidente clima de competição que se desenvolvia ali.

As pessoas entravam e saíam de diferentes salas, onde se ouvia uma cacofonia de sons alternando vozes, piano, melodias e exercícios vocais. Quando chegou a minha vez, entrei numa sala pequena e abafada e dei de cara com um homem de olhar impressionante, sentado ao piano, que se dirigiu a mim em voz baixa:

— Eu vou tocar algumas notas e você pode improvisar em cima disso.

Improvisei. Com a espontaneidade típica da juventude, achei a coisa mais natural do mundo ficar ali, improvisando melodias, animada pela expressão de aprovação de meu examinador. Afinal de contas, eu não vinha estudando canto há mais de cinco anos para ficar quietinha quando tivesse uma oportunidade de mostrar tudo o que havia aprendido.

Saí da sala bem satisfeita com a minha *performance*. E imediatamente percebi que o que eu havia aprendido podia não ser o suficiente para me garantir o passaporte para a África.

— Agora falta o exame de leitura à primeira vista — comentou meu amigo Eduardo, que já era quase maestro e não se preocupava com essas coisas.

— Leitura à primeira vista? Pronto, estou fora. Leio muito mal, Eduardo, por mais simples que seja a partitura...

– Não precisa ficar assim. Não é um exame de solfejo. Eles vão distribuir as pastas com as partituras, e o grupo vai cantar. Benito ouve o conjunto e, se precisar, chega mais perto de um ou outro para ouvir melhor o timbre. É só você manter a noção de conjunto e não desafinar.

Santo Deus! E eu que já estava tomando gosto pela idéia de usar bubus e turbantes coloridos na África...

De qualquer maneira tudo era farra. Esperei impaciente que a pasta de partituras chegasse à minha mão para saber qual era a música que deveríamos "ler" à primeira vista.

Quando abro a pasta, quase grito de alegria: a música era *Suíte dos Pescadores*, de Dorival Caymmi.

Sopa no mel! Caymmi é o compositor preferido da minha querida Lourdinha, que me ensinou o que sei sobre a nossa música popular. *Suíte dos Pescadores* eu sabia cantar não apenas de cor, mas provavelmente de trás para a frente, se me pedissem!

Seguro o meu sorriso de satisfação e faço a cara mais compenetrada do mundo. Percebo que a sala ficou em silêncio e vejo o examinador do olhar impressionante entrar e falar, orientando o posicionamento dos cantores.

– Quem é esse cara? – pergunto a Eduardo.

– Como, quem é? É o Benito Juarez, em que mundo você vive?

– Nãããão! O Benito? Benito, o próprio?

– É. Por que esse espanto?

– Porque foi ele que me examinou e eu nem sabia. Se soubesse, teria caprichado mais...

– Bom, se você chegou até aqui é sinal que foi bem no exame.

Diante daquela lógica, me concentrei no que estava por vir, pois a triagem estava apenas no começo.

Quando o maestro deu o sinal, empunhei minha pasta e comecei a cantar com toda a convicção de que era capaz aos 18 anos.

Com o canto dos olhos, noto que ele está se aproximando. Endireito as costas, caprichando no porte e me esmero na interpretação:

"Minha jangada vai sair pro mar..." Fecho os olhos e já estava me vendo como personagem da jangada, misturando folclore brasileiro com cenários africanos...

Quando abro os olhos, dou de cara com o maestro ali, bem ao lado, ouvindo atentamente, o olhar fixo na minha partitura.

– Muito bom – ouço ele dizer, naquela voz baixa que possui um estranho efeito calmante.

Respiro fundo e continuo a cantar, sentindo a África cada vez mais perto. Então vejo sua mão virando cinco páginas da partitura e ouço mais uma vez sua voz suave:

– Está muito bom, mas nós estamos cantando este trecho aqui, veja...

Foi muito mais do que um banho de água fria. Eu senti literalmente minha jangada afundando e o horizonte africano cada vez mais longe. Adeus Dorival Caymmi, adeus sonhos de bubus coloridos...

Mas como nem tudo o que começa mal termina mal, contrariando minhas expectativas, depois de meses de ensaios intensivos lá estava eu, a bordo de um avião rumo à África. Aquela foi a primeira de uma série de viagens que eu faria com o Coralusp regido por Benito Juarez.

O Gasseur

NA CAMA

* Esquece os documentos em casa quando vai a um motel.

* Pergunta se ela não quer tomar "um banhinho antes".

* Interrompe a cada três minutos para perguntar:
    a) Está tudo certinho?
    b) Você está gostando?
    c) O que eu faço agora?
    d) Já foi?

* Compara seu próprio desempenho em ocasiões anteriores.

* Não tira as meias no inverno.

* Assiste, baba, elogia e pede para ela imitar as atrizes do vídeo pornô que está passando.

* Dá notas de zero a dez no final.

* No dia seguinte chama-a por outro nome.

DELICADAS

"PRIMADONNA"

Nem sempre uma gafe acontece simplesmente por falta de atenção, ou quando alguém fala sem querer algo que não devia. Certa vez assisti a uma cena em que a *primadonna* se colocou, deliberadamente, numa posição tão vulnerável que foi impossível evitar uma situação delicadíssima.

Foi na Itália em 1988. Cerca de vinte pessoas estavam reunidas num jantar em homenagem a Gaetana, uma italiana muito simpática casada com o embaixador americano. Gaetana tem modos afáveis, sorriso fácil e um raciocínio rápido o suficiente para acompanhar sua língua afiada.

A uma certa altura da noite, todos os olhares e atenções se voltam para a porta, onde surge, numa *entrée* sensacional, a figura adorável de Antonia Celini, diva do teatro italiano, tão linda quanto popular.

É claro que, como toda *primadonna*, Antonia não era exatamente discreta nem modesta: assim que entrou, fez questão de se acomodar com gestos largos, deixou-se servir e elogiar como uma rainha, e faiscava seus lindos olhos azuis para alguns felizardos com um coquetismo de fazer inveja à própria Cleópatra na interpretação de Liz Taylor.

Gaetana, como toda diplomata, cedeu sabiamente o foco das atenções à nossa estrela e ouvia com um ar de ceticismo algumas afirmações categóricas feitas por ela, como só o fazem as pessoas que estão habituadas ao aplauso constante e que jamais são contrariadas.

Quando a conversa passou para o tema da beleza, Antonia mais do que nunca sentiu-se em seu terreno. Quem melhor do que ela, que ainda despertava suspiros apaixonados apesar de seus quase 70 anos, para falar da beleza? Acompanhando o final de um pequeno discurso sobre o tema com um gesto floreado, ela conclui:

– Não há a menor dúvida: a beleza é muito, muito importante! Afinal de contas, a beleza abre todas as portas!

Percebendo um movimento de impaciência por parte de Gaetana, Antonia dirige-se diretamente a ela:

– Você não acha, minha cara, que a beleza abre todas as portas?

E Gaetana, rápida, aproveitando a deixa:

– Sinceramente? Não sei... as portas dos fundos talvez...

Décadas de tarimba de palco, ribalta e aplausos não foram suficientes para que nossa diva encontrasse uma resposta à altura. Só lhe restou ser suficientemente esperta para mudar rapidinho de assunto.

Como se vê, às vezes não se trata do que se diz, mas do que se poderia ter deixado de dizer.

O Dia Seguinte

Anita nem podia acreditar na sua sorte. Depois de um encontro absolutamente casual na redação, o genial Alan Bates a convidara para almoçar, e haviam passado o dia inteirinho juntos, trocando impressões sobre os assuntos mais variados. Ao final da tarde, inequivocamente, pintara o maior clima, e ele só se despedira depois de arrancar dela uma promessa de que tornariam a se encontrar logo mais, à noite.

Anita é uma dedicada fotógrafa que nutre uma paixão declarada por jornalistas de ação. Esses homens que cobrem guerras, atravessam tiroteios e se expõem a toda espécie de perigos em nome da verdade deixam-na completamente fascinada.

E Alan Bates, esse intrépido inglês de aparência latina, era um dos grandes nessa área. Ele estava em São Paulo para um ciclo de palestras que havia terminado na noite anterior, e só visitara a redação para se despedir de alguns colegas.

Anita, por sorte, estava lá, entre uma pauta e outra. E chamara a atenção de Alan com seu jeito de boa moça e sua aparência refinada. O fato de falar inglês fluentemente também ajudou muito, e a conversa engatou logo.

E, agora, lá estava ela, em seu apartamento com jeito de casa de boneca, pronta para receber seu herói. É claro que ela dera um jeito de deixar tudo mais bonitinho ainda. Anita é dessas mulheres que, apesar de independentes, prezam muito as diferenças entre homens e mulheres, fazendo questão de deixar clara essa distinção em todos os detalhes do seu dia-a-dia.

Assim, além dela própria ser um tipo muito delicado, toda sua casinha emana uma aura de feminilidade inconfundível: o ar perfumado, as almofadas macias em tons lilases, as toalhas bordadas, os lençóis sedosos e a cozinha... ah, a cozinha de Anita é a tradução literal daquele ditado que propaga que o homem se conquista pelo estômago!

Totalmente equipada, tão confortável quanto uma sala de estar, sua cozinha exala permanentemente aromas misteriosos e convidativos. Naquela noite, Anita pretendia fazer jus a todo aquele cenário. Ofereceria a Alan o descanso do guerreiro, com direito a alguns capítulos especiais do *Kama Sutra*.

Quando ele chegou (só de olhar para aquele rosto vincado ela já perdia o fôlego!), o vinho estava na temperatura certa, o camarão ao catupiry já no forno, e ele, com aquele jeito meio durão, pareceu se derreter diante de sua aparência diáfana de Audrey Hepburn.

Mas apenas a aparência de Anita era diáfana. Logo os dois perceberam que não ia dar para segurar por muito tempo as lavas incandescentes de seus vulcões interiores e se entregaram ao mais louco delírio erótico-amoroso.

Um detalhe deixou Anita enternecida: sob aquela aparência ríspida, e apesar de ter visto e vivido tantos horrores, como um colegial tímido, Bates havia se preocupado em agradá-la: por baixo do jeans surrado e do paletó de *tweed* que obviamente o acompanhava há anos, ele vestia uma singela cueca de seda pura num exótico tom azul chinês.

É claro que Anita daria um jeito de compensar tanta delicadeza. Talvez no dia seguinte, pensava ela, enquanto adormecia plena e satisfeita nos braços de seu guerreiro.

O dia seguinte chegou rápido demais. Requeria alguma ação e planejamento para que o clima continuase perfeito como na noite anterior. Assim, ela saiu cuidadosamente do quarto e dedicou-se a preparar a mais linda bandeja que já havia elaborado, com direito a *scrambled eggs* e lingüiças. Um café da manhã tipicamente inglês.

Ajeitou tudo no maior capricho: leiteirinha de prata, bulezinho inglês, jornal... lembrou-se das xícaras antigas francesas, presente da tia Helena no último Natal. Tão antigas, que ela as havia guardado cuidadosamente protegidas por feltro verde, pois eram só para grandes ocasiões.

Bem, aquela *era* uma grande ocasião, não é mesmo? Rápida, tira as xícaras do feltro ouvindo a voz de Alan que chama por ela. Bem a tempo!

Entra no quarto com seu melhor ar casual, como se aquela bandeja cintilante estivesse pronta só para ela todas as manhãs. Que glória! Não é todo dia que se acorda ao lado de um homem assim: lindo, rústico e delicado a ponto de escolher cueca azul-chinês para um primeiro encontro...

Observa deliciada enquanto ele, com ar muito satisfeito, despeja o leite nas preciosas xícaras da tia Helena. De repente, percebe que sua expressão muda de satisfação para espanto e quase nojo. Preocupada, ela pergunta:

– Alguma coisa errada?

– Estranho... o que é isto? – pergunta ele, apontando para o conteúdo da xícara.

Anita se aproxima e, morta de vergonha, vê uma espessa nata verde-musgo, formada por fiapos do feltro flutuando no leite. Que horror! Na pressa de atender ao seu chamado, nem tivera a idéia de passar uma água nas xícaras tão bem guardadas...

Depois da noite delirante que haviam passado, explicar àquele homem acostumado a guerras e tiroteios que guardava sua louça de festa em saquinhos de feltro perfumados parecia tão absurdo quanto fora de contexto. Assim, lançando mão do seu poder de sedução, optou por se fazer de boba:

– Estranhíssimo mesmo! Não tenho a menor idéia do que possa ser. Mas, pensando bem, deixe o seu café para daqui a pouco, está me dando uma vontade de sentir você de novo... vem cá vem...

GAFES DA RIBALTA

Por incrível que pareça, quando uma gafe é cometida por artistas com toda a platéia como testemunha, na maior parte das vezes, essa platéia se identifica de tal forma com o artista que o que poderia se transformar num constragimento monumental acaba resultando numa grande gargalhada solidária, que evita maiores embaraços.

Foi o caso do ator Cláudio Curi quando interpretava um chefe de delegacia em *Plantão 21*. Em uma cena dramática, um dos policiais é baleado dentro da própria delegacia. O colega de Cláudio dirige-se a ele em pânico, gritando:

– Ele foi baleado!

E Cláudio, em vez de responder "chamem a ambulância", entra no clima de pânico do personagem e grita:

– Chamem a polícia, chamem já a polícia!

O outro ator, escolado, faz uma pausa e responde com um caco rápido, tentando fazer com que Cláudio perceba a deixa errada:

– Mas chefe, nós *somos* a polícia!

E Cláudio, igualmente tarimbado, ao ouvir a gargalhada do público:

– Claro que somos a polícia! Mas eu não sou de ferro! Esse homem aí no chão é como um irmão para mim, chamem já uma ambulância!

A platéia, acompanhando todo o improviso, veio abaixo em palmas, num claro reconhecimento da rapidez e senso de humor dos atores.

Às vezes, acontecem cenas tão surrealistas que superam de longe todo o esforço de imaginação de diretores e cenógrafos. Veja o episódio da inauguração do teatro mecanizado de Quitandinha, no Rio de Janeiro.

Abelardo Figueiredo conta que era o começo da carreira de Nicete Bruno, e o espetáculo, *Fausto*. A grande novidade da temporada, além daquela mocinha que parecia dotada de talento aliado a uma energia inesgotável, era um enorme palco redondo giratório, que permitia o uso e a troca de até três cenários em questão de segundos. Em um momento especialmente tenso, já no final da peça, o palco começa a se movimentar, preparando o clima para o *gran finale*. A platéia prende a respiração, aguardando o desfecho.

Estranhamente, em vez da figura delicada de Nicete, o palco revela dois homenzarrões com martelo e serrote nas mãos, flagrados em pleno serviço de carpintaria. Os dois param seu gesto no ar ao se deparar com o público, as luzes fortes ofuscando-lhes a visão.

Subitamente consciente de que algo muito errado estava acontecendo, um dos gigantes berra com forte sotaque português:

– Ó Joaquim, eu disse *esquerda*! Esquerda, pá. Tu giraste para o outro lado! Volta essa merda, gira lá, gira lá!

Era tudo tão surreal, que todos acompanharam em respeitoso silêncio o girar do imenso palco com as duas figuras de macacão desaparecendo lentamente, para dar lugar, agora sim, à jovem Nicete, que surge ajoelhada, pronta para iniciar o seu monólogo com Deus.

Ninguém achava que fosse possível, mas não é que aquela mocinha interpretava tão bem e com tamanha intensidade, que, trinta segundos depois, era como se todo o episódio jamais tivesse acontecido? Terminado o espetáculo, todos continuavam grudados em suas poltronas ainda envolvidos pela magia de Nicete.

Pelo menos foi o que todas as críticas nos jornais daquela versão de *Fausto* insistiram em afirmar dias depois: com um contratempo daqueles, uma atriz tão jovem conseguir não apenas segurar, mas também *emocionar* centenas de pessoas até as lágrimas era prova mais do que suficiente de que ali havia talento de sobra.

Nem sempre a platéia se dá conta das gafes da ribalta. E nem sempre modernidade significa eficiência. Em 1988, décadas depois da inauguração do teatro de Quitandinha, Abelardo Figueiredo era o diretor artístico do Palladium, em São Paulo. Inaugurado com um novo conceito de Shopping Center, o Palladium oferecia o que havia de mais moderno em matéria de tecnologia para proporcionar não apenas os melhores espetáculos ao público, mas também mais conforto e condições de trabalho aos artistas que ali se apresentassem.

Abelardo não deixava por menos, e montava espetáculos grandiosos, utilizando com arte e sabedoria todos os recursos que a casa oferecia. Um desses recursos era um imenso lustre de aproximadamente 3 metros por 3, que subia e descia sobre uma pista de dança, que, por sua vez, também subia e descia conforme a necessidade, provocando um impacto visual e cenográfico muito interessante.

Eu cantava em um desses espetáculos, e lembro muito bem da torcida nas coxias, certa vez, para que aquele impasse se resolvesse sem nenhuma perna ou cabeça rachada.

O espetáculo era estrelado por Luís Carlos Miele e Rosemary. Na abertura do show, a orquestra, regida pelo maestro Briamonte, tocava a introdução da trilha musical. Nesse momento, a pista de dança, como que por mágica, se elevava, indo ao encontro do imenso lustre, que descia faiscando luzes e cores. Não havia quem não prendesse a respiração: era lindo!

Então, absolutamente cronometrados, vinte bailarinos, encabeçados por Dinah Perry e Paulinho Goulart Filho, entravam rodopiando pelo palco e chegavam até a pista de dança, enquanto o lustre subia majestosamente, dando lugar às evoluções da coreografia.

Depois dessa coreografia é que entravam Rosemary, Miele e o resto do elenco. Ficávamos todos nas coxias esperando, pois o final do balé era a nossa deixa para entrar.

Naquele dia tudo parecia transcorrer normalmente: a orquestra já começara sua introdução, e os bailarinos em vôos e piruetas já haviam entrado em cena.

Mas o imenso lustre não subiu. As máquinas também têm seus caprichos, e naquela noite ele descera e simplesmente se recusara a subir, desobedecendo ao comando da cabine de som. Impávido, ali estava aquele monumental amontoado de cristal e luzes ocupando todo o espaço do palco e impedindo que os pobres bailarinos fizessem qualquer movimento mais ousado.

O impasse era difícil: a orquestra não podia interromper o número. Os bailarinos não podiam dar meia-volta e sair do palco. De alguma maneira, eles tinham de permanecer até o fim do quadro, como se aquilo estivesse absolutamente dentro do roteiro.

E foi o que fizeram: como se tivessem combinado, todos puseram-se a dançar *em volta* do lustre, e, como se mesmo assim faltasse espaço, alguns arriscaram dançar *embaixo* dele, meio agachados, no que parecia ser um estranho ritual indígena.

Nas coxias, estávamos todos às gargalhadas, observando os malabarismos das moças que, com altíssimos plumeiros na cabeça, eram obrigadas a praticamente rastejar para que os cristais não lhes arrancassem os arranjos.

Mas ninguém percebeu. Terminada a estranha dança, todos aplaudiram muito, achando que haviam acabado de assistir a uma apresentação exótica de novas modalidades e técnicas de bailado.

P. S.

É difícil acreditar que é possível ser feliz inclusive cinco segundos depois de ter cometido a gafe mais atroz. Mas é verdade. Posso dizer que aprendi isso muito cedo, graças ao exemplo de três pessoas muito especiais que conheci, ainda menina, no Colégio Dante Alighieri. Foi assim:

Aos quinze anos, como todas as garotas dessa idade, eu achava que o mundo era um grande complô contra a minha pessoa. Usava óculos, aparelho nos dentes e – suprema inconveniência – tinha crises constantes de herpes labial.

Eu me sentia a mais inadequada das criaturas e gafes, no meu entender, eram pequenos inconvenientes, se comparadas à sensação de desgraça perene que me envolvia diariamente. Para piorar, eu tinha duas colegas que pareciam ter nascido imunes a qualquer contratempo estético, físico ou biológico.

Renata Scarpa era uma delas. Na adolescência, já era a beldade que hoje estamos acostumados a ver em fotos de revistas: olhos cor de violeta, de fazer inveja a Elizabeth Taylor, cabelos pretos que cascateavam em cachos harmoniosos, alcançando uma cinturinha de pilão, e a boca cor-de-rosa, como se todos os dias ela amanhecesse de batom. Tinha uma compostura impressionante e nunca perdia a calma.

Susie Goldlust, grande amiga até hoje, não tinha a exuberância clássica de Renata. Porém, por trás do seu rosto de boneca, escondia um senso de humor e generosidade a toda prova. Seu maior talento era uma incrível capacidade de *jamais* ser apanhada desprevenida. Talvez o segredo fosse sua maneira eficiente de enxergar *adiante* na vida.

Há pouco tempo, ela ainda me surpreendeu ao declarar que já havia comprado os lenços para a cerimônia de Bar e Bat Mitzvah de seus filhos. Apesar de ainda faltarem oito meses para a festa, conhecendo minha amiga, deixei passar esse detalhe. Apenas estranhei que, sendo a cerimônia uma só, ela tivesse comprado *dois* lenços. Ao que ela respondeu, seriíssima:

– É porque eu sei que vou chorar *muito*...

Esta é a Susie. Vai ser uma mãe chorona, mas impecável. Cercada por esse quilate de eficiência, dá para entender por que eu me sentia a mais inadequada das criaturas?

Só não sucumbi completamente às agruras típicas dessa fase da vida porque fui salva por uma terceira pessoa: Maura Marzocchi.

Maura não tinha a beleza de Renata (e quem tinha?) e nem por sonhos possuía o senso de organização de Susie. Estava sempre ligeiramente atrasada, com a camisa para fora da saia do uniforme. Os professores viviam pegando no seu pé e... tudo dava certo para ela. Até hoje, Maura é absolutamente descolada. Tudo o que está dando errado passa a dar certo nas suas mãos. As situações mais impossíveis lhe acontecem e ela... ri. Gargalha e sempre dá um jeito de tirar o melhor proveito das adversidades.

Graças a ela fui perdendo a sensação de que algo que poderia dar errado fatalmente daria. Hoje, tenho certeza de uma coisa: uma gafe, por pior que pareça no momento, não é o fim do mundo. E também não é pecado. Mas é claro: se eu fosse você, não pagava pra ver!

TESTE:

VOCÊ É UM Coiffeur?

TESTE:

1. *Ao ser apresentado a alguém, você:*
   a) Imediatamente pergunta se é casado
   b) Pergunta no que trabalha e quanto ganha, para poder engatar um assunto
   c) Procura alguma afinidade para engatar um assunto
   d) Fala a primeira coisa que lhe vier à cabeça

2. *Durante um jantar formal, você esbarra no copeiro e vira a travessa de molho sobre a mesa. Você:*
   a) Exclama "Que tragédia!", espera que tomem alguma providência e passa o resto do jantar se desculpando
   b) Exclama "Que tragédia!", levanta-se imediatamente, providencia panos com água quente e limpa pessoalmente o estrago, mesmo que isso interrompa o jantar
   c) Exclama "Que tragédia!", deixa que a anfitriã resolva o problema a seu modo e se dispõe a ajudar
   d) Exclama "Que tragédia!" e trata de contar uma piada para amenizar o clima

3. *Você encontra um amigo almoçando com uma moça que não é a mulher dele. Você:*
   a) Cumprimenta de longe com um aceno
   b) Se aproxima, cumprimenta o casal efusivamente e até puxa uma cadeira para tomar um cafezinho
   c) Finge que não viu, embora tenha certeza de que ele o viu
   d) Cumprimenta, olhando a moça apreciativamente, e, assim que pode, dá uma piscadela cúmplice para o amigo

4. *Você está com o seu colega de trabalho esperando o elevador. Ele chega lotado e você:*

a) Espera chegar outro elevador mais vazio
b) Pede licença, entra e continua a conversa. Afinal, vocês não têm nada a esconder
c) Pede licença, entra e se concentra em cavar um espaço em meio ao aperto
d) Pede licença, entra e aproveita para fazer um social com os conhecidos

5. *Em uma entrevista para um novo emprego, você:*

a) Assim que tem uma chance, comenta com o entrevistador o último escândalo nacional, para mostrar que é bem informado
b) Pergunta quem são os personagens do porta-retrato sobre a mesa, para estabelecer alguma intimidade
c) Espera que ele lhe dirija a palavra, para mostrar que você não é um "entrão"
d) Espera que ele lhe dirija a palavra e dá um jeito de comentar a conversa que teve com a secretária, para mostrar que já está enturmado na empresa

6. *Você é um fumante e está em um jantar formal. Como não há cinzeiros sobre a mesa, você:*

a) Entre um prato e outro, levanta-se discretamente e traz um cinzeiro para o seu lugar
b) Pede gentilmente à dona da casa que providencie um cinzeiro
c) Pergunta se pode fumar, acende um cigarro e espera que lhe tragam um cinzeiro
d) Espera até o final do jantar e, assim que vê uma chance, acende o seu cigarro

7. *Em uma festa, você é apresentado a um médico famoso. Você:*

a) Fala de todos os assuntos, menos de medicina; afinal, já bastam as consultas que ele faz profissionalmente
b) Expõe rapidamente alguns sintomas que o vêm incomodando, para não perder a oportunidade
c) Comenta com ele o caos no sistema público de saúde
d) Desfia todas as vantagens da medicina alternativa e conta aquele caso de operação mediúnica que seus amigos adoram ouvir

8. O seu telefone celular toca no meio da sessão de cinema. Você:

a) Atende sussurrando, para que ninguém perceba
b) Deixa tocar e finge que não é com você
c) Sai correndo e atende no banheiro
d) Desliga o aparelho e dane-se quem estiver querendo falar com você

9. O jantar já está chegando ao fim quando você lembra que é a comemoração do aniversário da sua sogra. Você:

a) Finge que estava deixando para dar os parabéns no final da noite e capricha no abraço de despedida
b) No fim da noite diz que tinha certeza que o aniversário era no dia seguinte
c) Cumprimenta no momento em que se dá conta, mas manda um presente no dia seguinte
d) Deixa por isso mesmo porque sogra é sogra

10. Você está com uma namorada nova e o clima está esquentando no seu apartamento. Ao perceber que está sem camisinhas, você:

a) Deixa a moça assistindo à novela, diz que vai comprar cigarros e sai correndo atrás de uma farmácia
b) Mostra o seu comprovante de exame HIV com o carimbo negativo, para provar que está tudo bem
c) Desiste e deixa para a próxima
d) Convida ela para jantar fora e, no caminho, dá uma passada na farmácia

COMENTÁRIOS PARA CADA RESPOSTA, JUSTIFICANDO CADA UMA DELAS

1) C

Afinidade é um assunto que tem toda a chance de se desenvolver com naturalidade em situações sociais, tais como parcerias, sociedades, casamentos...

2) C

Uma vez perpetrada a tragédia...

3) A

Discrição e água benta nunca são demais.

4) A

Enquanto vocês encerram o assunto, dá para esperar outro elevador. Assim, vocês não obrigam os colegas a ouvir, sufocados no aperto, o seu papo tão animado.

5) C

Conhece aquela brincadeira "Siga o chefe"? Primeira entrevista para emprego é mais ou menos assim. Fique na sua.

6) D

Pois é, hoje o mundo não é mais dos fumantes; fazer o quê?

7) A

Já pensou se todo o mundo que encontra o Dr. Scholl resolve aproveitar para lhe mostrar aquele calo ou unha encravada, na esperança de que ele dê um jeito ali mesmo?

8)

Todas as respostas estão erradas. A não ser que você seja médico, se o celular tocar no cinema já é uma gafe.

9) C

É o mais natural, não é? Além do mais, a sogrinha querida vai adorar poder te alfinetar por essa falha.

10) D

Sutileza é uma qualidade que não tem preço, sexo ou idade. Além disso, nós, mulheres, adoramos um suspense regado a um bom vinho.

Essas são as respostas corretas para uma vida sem maiores tropeços. Para cada pergunta que você errar, conte um ponto e depois confira o resultado na tabela:

ERROS	DIAGNÓSTICO
0	Parabéns. Você é o máximo, ou será que colou na prova?
1	Parabéns. Você já pode tomar chá com a Rainha Elizabeth
2	Você pode ser meio distraído, mas até que vem se saindo bem
3	Tudo bem. Errar (um pouquinho) é humano
4	Você pode não ser um lorde mas não chega a ser um desastre
5	Leia *Etiqueta sem Frescura*. Sua vida vai ficar mais fácil
6	Sua ficha no clube dos gaffeurs já está em fase de aprovação
7	Pode esperar sua carteirinha de sócio pelo correio
8	Quantos convites para festas você tem recebido ultimamente?
9	Tibiriçá, é você quem está aí?
10	Assim não dá! Nem o Tibiriçá erra tanto. Releia o livro e tente de novo